ピエルドメニコ・バッカラリオ／フェデリーコ・タッディア 著

日永田智絵 日本版監修　有北雅彦 訳　クラウディア・"ヌーク"・ラッツォーリ 絵
ロボット・AI研究者

いざ！探Q

AIは人を好きになる？

科学技術をめぐる15の疑問

JN227872

太郎次郎社エディタス

もくじ

1 なぜ、人間はフリーズしないの？ …… 5

2 まだ何か発明することがある？ …… 15

3 テクノロジーなしで生活できる？ …… 27

4 コンピュータは、何から生まれたの？ …… 35

5 デジタルって、どういう意味？ …… 43

6 いつ、ぼくたちはクモの巣につかまった？ …… 53

7 スマホはきみの親友？ …… 65

8 家電がおしゃべりするって、ほんと？ …… 75

9 ロボットは、自分がロボットってわかってる？ …… 81

10 人工知能（ちのう）って、ほんとうに賢（かしこ）いの？ …… 93

11 AIは、かわりに考えてくれる？ …… 101

12 ビッグデータはどう使われる？ …… 109

13 未来の生活はどうなる？ …… 117

14 ロボットが地球を支配（しはい）するって？ …… 125

15 テクノロジーは地球を救（すく）える？ …… 133

じゃあ、またね …… 139

日本版監修者（にほんばんかんしゅうしゃ）あとがき …… 141

1 なぜ、人間は フリーズしないの？

なぜ、ぼくたち人間は、パソコンのようにフリーズしないのかって？ おかしなこと言うね。止まるときだってあるよ。

たとえば、この本を読んでいるきみが、いま、そうじゃないかな。歩きながら本を読んだらあぶないからね。本は止まって読むものだ。作者であるぼくだって、歩きながらこの本を書いているわけじゃない。……わかったわかった、そういう意味じゃないんだよね。

歩かずに止まっていたって、目や手はいくらでも動かせるし、体のなかや頭のなかなんて、忙しくってしょうがない。

きみの言うとおり、ぼくたちはほんとうの意味でフリーズすることはない。寝ているときでさえもね。完全に動くのをやめることは不可能だ。とくに、頭のなかについてはね。

ぼくたちはつねに考えている。足りないもの、変えるべきもの、

直すべきもの……いや、ちょっと正確じゃないな……そう、これだ、「発明すべきもの」について。

このことばがぴったりだな。いや待てよ、正確には、人間が考えつづけていることがふたつある。

「発明すること」と「それを使うこと」について。

人はものを発明し、そして、それを使う。ぼくたちは天才的なサルなんだ。

おいおい、怒るなよ。ほんとなんだって。きみのDNAの98.77％は、チンパンジーと同じなんだから（もしきみがDNAを知らないなら、もう少しチンパンジーに近いかもしれないけどね……おっと、ゴメンゴメン）。

お母さん、お父さん、おじいちゃん、おばあちゃん、理科の先生、そして（信じられないことに！）、クラスでいちばん物知りのあの子のDNAもそうなんだぜ。みんな同じだ。

チンパンジーと人間のDNAの違いは、たったの1％ちょっと。でも、ヒトの寿命はチンパンジーの倍以上だ。だからきみは、80歳まで生きるつもりで人生設計をすることができる（ダブルベーコンとダブルチーズのハンバーガーをドカ食いしなければだよ？）。

もしかしたら、きみは、スキューバダイバーや宇宙飛行士、理科の先生になるかもしれない。一方、チンパンジーは、木の上で一生をすごすだろう。それが、かれらの行動のすべてだ。ルービックキューブや電話、高層ビル、ジャガイモの皮むき器をつくろうと考えたサルはいない。

なぜって？　サルにはない人間の約1％のDNAには、とても多くの要素があるからだ。そこには、理解したい、変化させたい、何かを生みだしたいという「欲求」がふくまれている。思索や空想、

創造的思考、芸術的思考……、形をもたないこうしたものに、欲求は目に見える形を与え、その瞬間から、ぼくらの生活を一変させてしまう。この欲求は、いわば、未来を創造する可能性だ。

だれが、イノシシの毛を使って絵筆をつくった？ 車輪は？ メガネは？ フォークは？ 料理を冷ますための、中華箸にとりつける小型の扇風機は？（そんなのほんとうにあるのかな）

ぼくたち人間が、よりよい生活を送るために発明し、組み立て、生みだしたあらゆる人工物。これを「テクノロジー」という。「テクニック」っていうことばとちょっと似ているね。テクニックとは、ある行為をするために必要な技術のこと。

たとえば、ピアノを弾くためにはテクニックが必要だけど、同じように、ピアノをつくるためにも、木材を切る技術、弦を張る技術、鍵盤をつくる技術など、さまざまなテクニック（技術）が必要だ。これらの技術が組み合わさってつくられたピアノ、これがテクノロジーなのさ。

つまり、テクノロジーとは、機械工学、情報科学、デザインなど、ぼくたちの技術を向上させてくれるあらゆる学問分野のたまものだってこと。

じゃあ、そのテクノロジーの、そもそものはじまりはなんだったと思う？ それはね、小さなとがった石さ。その石には、こんな文句がついてまわった。

「おまえ、そんな石、どうするつもりだよ？」みたいな。なぜなら、何かを発明したサルのまわりには、その発明を理解し

テクノロジーが石からはじまったとしたら？

1 なぜ、人間はフリーズしないの？ 7

ないサルが、かならずいたからなんだ。少なくとも1匹、場合によっては大勢のね。

石からすべてははじまった

　その昔、人類の生活は、いまほど快適で穏やかなものじゃなかった。きみは、人類史上もっとも豊かで、幸せな時代に生まれたんだ。たしかに問題だらけだけど、ホモ・サピエンスが地球に誕生したころの生活を考えてみれば、なかなかたいしたものになってると思わないかい？

　原始時代、外では血に飢えた獣がのし歩き、家は洞窟で水びたし。寒さをしのぐダウンジャケットなんてないし、暑いときは暑いまま（すっぱだかで出歩いても怒られないのは、不幸中の幸いかな）。

　旅行にいきたい？　ちょっと難しいかな。自転車に乗る？　自転車どころか、車輪すら存在しなかった。

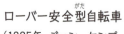
ローバー安全型自転車
（1885年、ジョン・ケンプ・スターレーが発明）

ロッド式変速機
（1935年、トゥーリョ・カンパニョーロが発明）

ハンドル、サドル、フォーク、ベル
（1887年、ジョン・リチャード・デディコートが発明）

フレーム、ブレーキ、スポーク、リム、タイヤ
（1888年、ジョン・ボイド・ダンロップが発明）

だけど、ある日、またはある晩（発明家の伝記には、発明のアイデアは夜に思いついたと書かれていることが多いけど、みんながみんな、そうなのかはわからない）、きみのおじいちゃんのおばあちゃんのそのまたおじいちゃんの……とにかく大昔のご先祖さまが、割ると鋭くなる火打石を使って、ヤリの穂先をつくることを思いついたんだ。
　そして、ご先祖さまはそれをどうしただろう？
　いったい、何に使ったんだと思う？

1　なぜ、人間はフリーズしないの？

やがて人間は、ヤリの穂先だけじゃなく、ほかのものも発明しはじめた。いちばん大事なのは？ 当ててごらん。ホイップクリーム？ 違う違う。電動鉛筆削り？ じゃなくて、よく考えて！ ヒントは、人間が人間であるために、とっても大事なもの。

水？ じゃなくて……火？ そう！ ヒントは「火」だ。

火をどうやって飼いならすかを発見したのは、ホモ・エレクトスだ。「飼いならす」ってことばを使ったのは、ある意味、火は生きているからだ。動き、移動し、熱をもち、光りかがやき、料理まですることができる。火を囲むようになって、人びとはいろいろな話をし、議論をして、問題を解決する方法を話しあうようになった。

そう、そのときぼくたち人間は、「ことば」を発明したんだ。

ぼくたちのご先祖さまは、その口を、食べものを引きさくためだけじゃなく、いろいろな音を出してことばを発するためにも使った。

また、火で加熱してやわらかくしたものを食べるようになると、鋭くて大きな歯は、どんどん小さくなっていった。手を使って鋭利

発見と発明

「発見」とは、自然界に存在するものについて、新たに何かを知ることだ。偶然や実験によってね（火について知ることもそうだし、鶏のもも肉はむね肉よりおいしいって知るのも発見だ）。

一方、「発明」とは、人間の創意工夫がなければ存在しない、オリジナルの創造物だ（たとえば、すてきな回転串焼き機つきの暖炉とかね）。

な刃物をつくることができるようになったから、口のなかの鋭利な刃物＝歯を使う必要性が減っていったんだ。そのため、口も小さくなり、そのぶん、頭のなかの脳のためのスペースが広くなった。

未来へのヒント

　最初の発明から現在まで、技術の進歩のスピードは、どんどん速くなっている。人類は偉大なる自然を観察し、研究し、改良し、マネしてきた。

　たとえば、パリのエッフェル塔があんなふうに堂々とそびえ立っていられるのは、7000トン以上の重さの鉄とボルトが精巧に組み合わさっているからってだけじゃない。人間の大腿骨とひざ頭がぴったり合わさって支えあっているしくみを参考にしているからなんだ。だけど、エッフェル塔が「創造」された当時は、だれもが「気持ち悪い～！」なんてけなしたもんだ。

　えっ、友だちの机にいたずらでシールを貼った？　そんなことしちゃダメだぞ！　でも、なにごとにも学びはある。そのシールの粘着部分は、ヤモリが壁にくっついたり離れたりするしくみを研究して発明されたものかもしれない。

　アフリカのジンバブエでは、エアコンのない大きなショッピングモールをつくった。それなのに、気温はだいたい31度で安定しているそうだ（ジンバブエの平均気温を考えると、すごしやすい温度だ）。え～っ、いったいどうやって？　それはね、シロアリの巣の換気システムをマネしたんだ。

　これらはすべて、生物（バイオ）をマネ（ミミック）する技術、すなわち「バイオミメティクス」とよばれる。自然そのものや、その

なかで生きる生物たちをお手本にして、新しいものづくりに生かす科学技術だ。ほかにもいい例を見たければ、「AskNature」っていうサイトを見てごらん。好奇心を刺激する壮大なイメージが、そして、きみの未来の発明のヒントになるようなアイデアが、あふれてるから。

なに？　ぜんぶ英語じゃないかよ〜って？　おいおい、それでし

テクノロジーの歴史

7万年前？

ことばの発明

人類はことばを発明した。それは物語や神話を語らせ、感情を言いあらわし、家族や他人との関係性を生み、社会システムを形成し、世界中に広がった。

400年前

科学革命

自然や現象を観察し、それがどのように成り立っているかを実証する研究プロセス＝科学的方法が確立した。

1万2千年前

農業の発明

人びとは狩猟生活にウンザリして、大地を耕し、治水をし、動物を飼いならし、都市を建設しはじめた。

りごみしちゃったのかい？ きみらしくもない。いいかい、きみはチンパンジーじゃない。かれらにはない1％(パーセント)のDNAをフル活用するんだ。さあ、つぎの疑問(ぎもん)の扉(とびら)を開いてみよう。

1870年代
電気利用のはじまり
たくさんの電気エネルギーを生産できるようになり、世界中のさまざまな機械や発明につながった。

1760〜1830年
産業革命
蒸気(じょうき)や石炭のエネルギーで動く機械を発明し、それが初期の工場で使われるようになった。

1900年代
化学製品(かがくせいひん)の広がり
プラスチック、爆薬(ばくやく)、化学合成薬(こうせいぶっしつ)、抗生物質など、自然界に存在(そんざい)しない物質(ぶっしつ)を大量につくりはじめた。

1990年代
情報革命(じょうほうかくめい)
1990年、研究者のティム・バーナーズ＝リーたちが、スイスのジュネーブから、世界中のコンピュータどうしで通信する方法を発表した。ウェブの誕生(たんじょう)だ。

1 なぜ、人間はフリーズしないの？ 13

2 まだ何か発明することがある?

まだこれ以上、発明すべきものがあるかって？ やれやれ、きみは発明の奥深さがわかっていないみたいだな。未知のテクノロジー、考えるべき発明はまだまだある。

たとえば、「ネコ語を話せる翻訳機」があったら、すごく楽しいと思わない？ プライベート・ロケットをつくって、庭から打ち上げるのもおもしろそうだ。それとも、最近思いついたすばらしいアイデア、「オシリニアナアケール」をかたちにしようか。これはビンや缶の底に穴を開ける道具で、たとえば缶のスープを最後まで飲みきりたいときに、めちゃくちゃ役に立つぞ。きっとみんなが「ほしい〜！」って言うことまちがいなしだよ。さあ、発明の扉を開いてみよう！

ただし、新しいものを発明したからといって、かならずしも富と名声を得られるわけじゃないぞ。エジソン（蓄音機や電球を開発）やアレクサンダー・フレミング（抗生物質を発見）のように、早くか

2 まだ何か発明することがある?　15

ら成功する人もいるけど、多くの発明家のように、死んでから評価される天才たちも多いんだよ。

　ヘディ・ラマーという女優を知っている？　知らないよね。だけど、いまぼくたちが使っているスマホは、彼女が発明した「周波数ホッピング」という方式のおかげで、基地局と安定した通信ができているんだぜ。彼女は、世界一の美女といわれたハリウッド女優だった。じつは世界一の頭脳の持ち主でもあったんだけど、そこにはだれも気づいていなかったんだ。

　多くの発明家は、名前も知られずに生涯を終える。でも、その発明は現代に受けつがれてきた。たとえば、車輪は紀元前3500年ごろに古代メソポタミアで発明されたけど、そのすばらしいアイデアを生みだしたのがだれだったのか、いまではだれも知らない。

　発明はとても楽しいから、多くのアイデアがすでに世界にあふれている。だから現代では、何かを完全に新しく考えだすことや、何もないところからつくりだすことが、とても難しくなってしまった。それをひとりでやりとげることも。

　でも、きみも発明家のはしくれならわかるよね？「難しい」と「できない」はイコールじゃないってことを！

発明で特許をとる

　スコットランド出身のジェームズ・ワット。彼は18世紀から19世紀にかけて、馬車の時代に生きながら、画期的に効率のよい蒸気機関を発明した。その発明は、産業革命を導く原動力になった。彼のおかげで動力は、馬が引く力から、蒸気エンジンによる機械の力へと移っていったんだ。

彼の発明は、その後の農業や工業のあり方を変えた。織物機械にはじまり、エレベータや機関車にいたるまで、あらゆるものに影響を与えたんだ。1851年に開催されたロンドンでの第1回万国博覧会は、その威力を世界に知らしめるものだった。
　ワットは天才肌で、冒険心と起業家精神にあふれていて、発明でお金持ちになった。でも、かならずしも発明家がビジネスの成功者であるわけじゃない。むしろ、そうじゃないことのほうが大半だ。じっさい、ぼくたちがこんにち使っている多くの発明は、考案した人に大きな富をもたらしていない。
　何かを発明することと、それを商業的に活用することとは、まったく別ものなんだ。発明を経済活動でうまく使うためには、「特許」を取得する必要がある。特許とは、発明したものを独占的に製造・販売する権利（資格）のこと。特許があると、ほかの人は、勝手に同じものをつくることができないようになる。
　特許のアイデアは古く、古代ギリシャにまでさかのぼる。シュバ

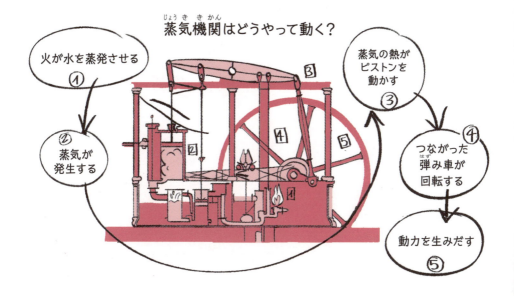

2　まだ何か発明することがある？　17

リスという都市では、新しい発明は1年間「保護」されていた。つまり、1年間は発明家に利益をもたらすものだったんだ。ルネサンス時代には、さまざまな発明家に特許が与えられるようになり、1852年には、世界初の近代的な特許庁がロンドンに設立された。

もちろんきみも、何かを発明したら、その特許を申請することができる。装置や機械みたいなものだけじゃなく、食品や薬品などの化学的な合成物や、それらをつくる方法でも可能だ。

きみが自分の「オシリニアナアケール」や「ネコ語に変換機」で特許をとるなら、名前がほかの製品とかぶっていないことや、つぎの条件を満たしていることをたしかめる必要があるぞ。

1. 新しいものであること
世界のどこの国でも特許がとられていちゃダメだ（ぼくの国には、ビンの底に穴を開けるビジネスや、ネコ語を話せる機械はまだないけど）。

2. 革新的であること
進歩的で、すでに使われているものとは違う、独創性がなくちゃいけない（まあ、これも問題ないかな。こんなすぐれたアイデアを思いつく人はいないからね！）。

3. 合法であること

法律や道徳に反するものは、特許をとることができない。ただし、道徳観は時代とともに変わる。ミニスカートなんかがいい例だね（ネコ語がしゃべれたって、だいじょうぶなはず。ビンの底に穴を開けることにも、なんの問題もないはずだろ？）。

4. 産業に応用できること

量産することが可能でなくちゃいけない。

特許が許可されたら、20年間有効だぞ！

いくつかの有名な特許

「モカエキスプレス」（ビアレッティ社のコーヒーメーカー）は、アルフォンソ・ビアレッティによって、1930年代に特許が取得された。「シートベルト」はスウェーデンの自動車メーカー、ボルボによって1959年に、コンピュータの「マイクロプロセッサ」はフェデリコ・ファジンらによって1970年代に、薬の「アスピリン」はフェリックス・ホフマンによって1897年に特許が取得された。

偉大なる発明家たちは、かれらの代名詞ともなっている発明品で特許をとっている。エジソンなら「電球」とかね。だけど、特許をもっている人が、ほんとうにそれを発明したとはかぎらないんだ。

　たとえば電球は、じつはエジソンよりまえに、ジョゼフ・ウィルソン・スワンが発明していた（スワンは「パクリだ！」ってすごくびっくりしたんだって）。世界初の録音機「フォノトグラフ」もエジソンの発明とされているけど、エドゥアール゠レオン・スコット・ド・マルタンヴィルのほうがさきにつくっていた。

　あと、ライト兄弟が世界初の有人動力飛行機を発明したといわれているけど、それよりまえにグスターヴ・ホワイトヘッドが天才的な飛行実験を重ねていたことは見逃せない。……などなど、同じような話はいくらでもある。

　テクノロジーが複雑になるほど、さまざまな専門知識やスキルをもつ人たちの協力が必要になる。現代の偉大な発明家、スティーブ・ジョブズは、身のまわりの（すでにある）発明品に目をつけ、それらを効果的に組み合わせるのが天才的にうまかったんだ。

　いま、リモコン、太陽光パネル、スマホなんかをぼくたちが利用できているのは、研究と開発をおこなった「チーム」があったからなのさ。

数字の話
（アメリカ編）

トーマス・エジソン：特許数1093。代表的な発明は、電球、フォノトグラフ、映画。

エリフ・トムソン：特許数696。代表的な発明は交流電動機。

ジェローム・レメルソン：特許数597。代表的な発明は産業用ロボットやファックス。

エドウィン・ランド：特許数535。代表的な発明はインスタントカメラ。

いまでは忘れられた珍発明

1935年
ラジオ受信機能つき帽子
（男性用）

1936年
ほっぺたにほくろ作成機

1939年
強い風から顔を守る
とんがりつき帽

1947年
二日酔いを治す
氷つきマスク

1961年
ガソリンで動くエンジンつき
ローラースケート

2006年
おならをいい香りにする薬
（クリスチャン・
ポワンシュヴァルが発明）

タビサ・バビット（1779〜1853年）

1813年に丸ノコを発明し、木こりの仕事を進歩させた。でも、彼女はシェーカー教徒だったので、富の独占を否定する宗教の教義により、特許をとることができなかった。

アントニオ・メウッチ（1808〜1889年）

電話を発明したのは、じつはグラハム・ベルじゃなくて、メウッチだ。でも彼はそのとき会社が倒産して、特許の申請料200ドルを用意できなかった。そのスキをついて、ベルがメウッチの設計図を手に入れ、特許をとってしまったってわけ。

ジョセフィン・コクラン（1839〜1913年）

ごはんを食べたあと、皿を洗うのがめんどうだったジョセフィンは、食器洗い機を発明し、1886年に特許を申請した。

彼女の工場は現在、アメリカ最大の家電メーカーであるワールプール社が所有している。

エリザベス・マギー・フィリップス（1866〜1948年）

1904年、彼女は世界一有名なボードゲーム「モノポリー」の特許を申請した。このゲームでは、各プレイヤーはスタート地点から平等じゃない。なぜって？ 金持ちはますます豊かになり、貧しい人はますます貧しくなることを証明するためさ。

ジョン・ロジー・ベアード（1888〜1946年）

テレビを発明し、研究所の一室から別の部屋に、同僚のデイジー・ギャンディの映像を送信。ギャンディはテレビ画面に映った最初の女性になった。

ダグラス・エンゲルバート（1925〜2013年）

1967年にパソコンのマウスを発明したが、マウスが世の中に広まったのは、特許が切れたあとだった。

だから、彼はぜんぜん有名じゃないんだよね。

きみは発明家？ それとも科学者？

　19世紀半ば、発明や開発のための「研究所」を最初に設立したのは、ドイツのカール・ツァイスとヴェルナー・フォン・ジーメンスだ。ツァイスは顕微鏡などの光学機器の開発に専念し、ジーメンスは電気通信（電話）と照明の分野に力を注いだ。かれらの名は、それぞれが設立した企業の名前として、現代に息づいている。

　時代を先どりしたアイデアで、人より早く特許をとることの重要性にいち早く気づいたのは、アメリカの産業界をリードする起業家たちだった。かれらは、お金のにおいをかぎとる能力に長けていて、研究所の重要性にも気づいたんだ。

　特許の海賊として名高いエジソンは、ニュージャージー州メンロパークに、約20人の技術者・発明家・職人を集めた。そのチームはエジソンのもとで、世界に革命をもたらすようなアイデアを形にしていった。映画の発明もそのひとつだ。

ニュージャージー州マレー・ヒルで活動していたグラハム・ベルの研究所も、やはりチームで発明をおこなった。メンバーには、研究所初の女性研究者で、1950年代にインターホンの発明につながる研究に取り組んだ、エリザベス・A・ウッドがいた。
　ライバルに後れをとらないために起業家たちがとる戦略(せんりゃく)は、ただひとつ。革新だ。つまり、新しいアイデアによって、まだ世にない新しい商品やサービスをゼロからつくりあげるのさ。そのアイデアを生みだすのが、発明家なんだ。
　「発明家」と「科学者」は、似ているようでちょっと違(ちが)う。
　発明家にとって、興味(きょうみ)があるのは実用性だ。知っていること（科学）やできること（技術）を活用して、役に立つものをつくりだす。かれらにとって重要なのは、その発明がうまく機能(きのう)するかどうか。
　一方、科学者っていうのは、世界の法則(ほうそく)を発見し、知識(ちしき)を追求する人たち。その知識を、新しいものを発明する人たちや、古いものを効率的(こうりつてき)に使おうとする人たちに提供(ていきょう)する。
　エジソンやグリエルモ・マルコーニ（無線通信の開発で有名な発明家・起業家。1909年にノーベル物理学賞(しょう)を受賞）は、発明家だ。科学者の一面もあったけど、なぜスイッチを押(お)すと光がつくのか、なぜレバーを動かすと海を越(こ)えて無線通信ができるのかを説明することには興味を示(しめ)さなかった。同じように、車輪を発明した人たちも、それを動かすための物理法則については、とくに疑問(ぎもん)をいだかなかった。車輪は回る、それでいいじゃないか、ってね。

> 後れをとらないためには革新(かくしん)することだ

2　まだ何か発明することがある？

3 テクノロジーなしで生活できる?

テクノロジーなしで生活できるかって? それはちょっときびしいかもね!

テクノロジーっていうのは、なにも、スマホやアプリや便利な電子機器のことだけをいうんじゃない。紙、コンパス、メガネのレンズ、車輪、新聞、カレンダー、それから、きみがいま着ているTシャツだって、テクノロジーなんだからね。学校へ行くとき、はだかでもいいなら、べつだけどさ。

家のなかなら、はだかでもいいって? よく考えてごらん、その「家」じたいがテクノロジーの宝庫だよ。壁、コンクリート、れんが、木材、梁、屋根、床……、ぜんぶそうだ。夜に家のなかが真っ暗なのはイヤだよね。テクノロジーなしで家を明るくできる? ろ

うそく？　いやいや、ろうそくのろうも芯もすごいテクノロジーだし、テクノロジーを使わずに火をつけられるかな？

　体を洗うには？　水道はあきらめて、井戸の水をくむ？　だけど、バケツ、ロープ、巻きあげ機もテクノロジーだ。トイレでは、排水管、パイプ、下水管なんかを利用しているだろ。

　ほらね、電子機器以外にも、テクノロジーがあふれているのがわかるだろう。まわりを見回して、どこにテクノロジーが使われているか、探してみよう。

　なんにも見つからないって？　しょうがないなあ、じゃあひと休みして、スパゲッティ・ボロネーゼでも食べようか。手づかみでね。テクノロジーはどこにあるかな〜。

こんなところにもテクノロジー

　まずは、台所で探してみよう！　お皿やコップ、鍋はもちろん、ナイフやスプーン、フォーク、お箸なんかがある。ふだんはこれらが、テクノロジーのかたまりだなんて思いもしない。でも、スプーンなしでプリンを食べようと思ったら、どう？　ちょっと困っちゃうよね。

　もちろん、手づかみで食べることもできるけど、その場合は、食べられるメニューが少し限られてくるかもね。たとえばさ、アイスクリームを手づかみで食べるのは、ちょっと難しいだろ？　え？　カップじゃなくてコーンで食べればいいって？　そのアイスコーンも、高度なテクノロジーでできた機械を備えたアイスクリーム工場でつくられているんだよ。

　……って考えていくと、テクノロジーのない世界を想像するのっ

て、めちゃくちゃ難しいよね？　でも、心配はいらないよ。そんなの、ぼくたち小説家でさえ至難の業なんだから！

　いまやみんな、テクノロジーありきで、ものごとを考えている。たとえば、本を書くにはどうする？　何を使って、どこに書くことができるかな？

　パピルスはエジプト人が発明したものだ。紙は中国人が発明したものだね。ボールペンは、ビーロー・ラースローが発明し、イタリア、トリノのマルセル・ビック男爵がビック（Bic）という会社をつくって大量生産した。

　火をつけるために石をかちあわせていた時代にくらべたら、ずいぶん進歩したもんだよ。あのころにもどる理由は何もない。

　これがテクノロジーさ。それじたいは、善でも悪でもないんだ。

3　テクノロジーなしで生活できる？　　29

読み書きの歴史

1200年ごろ
ガラスの故郷・ヴェネツィアでメガネが発明された。

紀元前3500年ごろ
メソポタミアで文字が登場した。

105年
中国の宮廷の高官、蔡倫が、樹皮、麻の繊維、破れた漁網を使って、紙を発明した。

機械に仕事をうばわれる？

　最新のテクノロジーの使い方を理解しようとしないのは、きみのお母さんやお父さんだけじゃない。昔から、テクノロジーのせいで生活がぶち壊しになると考える人がいるんだよ。

　19世紀初頭のイギリスでは、「ラッダイト」とよばれるグループの人たちが、機械をうち壊す運動を起こした。織物の機械を壊して、機械に仕事をうばわれることに抗議したんだ。いまも、ロボットやAIに対して同じようなことを言う人がいる。人間はもうおしまいだってね。

　新しい発明は、いつもこんなふうに、不安や不満と表裏一体だ。でも、発明のおかげで、ぼくたちは病気にかかることが少なくなり、より充実した治療が受けられ、麻酔も使うことができる。冷蔵庫を開ければ食べものがあるってのも、発明のメリットの部分だ。

> **1450年ごろ**
> ヨハネス・グーテンベルクが活版印刷を発明した。

> **2024年**
> フェデリーコ・タッディアとピエルドメニコ・バッカラリオがこの本を書くことで、5000年の歴史を台なしにした。

> **1938年**
> ハンガリーのジャーナリスト、ビーロー・ラースローが、ボールペンを発明して特許をとった。

AI —人工知能

AI（人工知能）は、コンピュータ・サイエンス（情報科学）の一分野から生まれた。機械がまるで人間のように、ものごとを学習し、具体的に想像し、実行に移す。そのための技術や理論、アプリケーションを研究する分野だ。

哲学や、ほかの多くの学問とも関連している。人間の知能があるかのようなふるまいを機械ができるようにするのが、AIの理想とされているんだ。

1970年代の夏休み

今年の夏休みは……
いなかのおばあちゃんの家ですごすはずだ。
海外旅行の航空券なんて、高すぎて手が届かないよ。

暑いときには……
せいぜい扇風機だ。
エアコンなんてないからね。

ひまなとき、見るのは……
もちろんテレビ。
チャンネルはダイヤル式。

ご飯を食べたら、お皿を……
手で洗うのさ。
食器洗い機がある家なんて、ほとんどない。

サバイバルにいこう

ジョン・プラントのYouTubeチャンネル「Primitive Technology」のサバイバル動画を観てごらん。彼は、何千年もまえの技術を使って、現代でも役に立つ知恵を伝えてくれる。葉っぱや枝で急ごしらえの小屋をつくったり、火打石をとがらせて狩りをしたり、その場にあるものを利用して釣りをしたり。びっくりするような技術ばかりだ。彼のチャンネルには1000万人以上の登録者がいるぞ。

4 コンピュータは、何から生まれたの？

えっ、なになに？ 昔のコンピュータもフリーズしたかって？

まちがいなく、そうだね。そして、その解決方法は、ほぼ確実に、いまと同じだったはず。つまり、再起動だ。

それでもうまくいかない場合は、うーん、ケーブルをぬいてもういちど接続してみたり、気分転換にちょっと歩いてみたり、かつて友だちがトランシルヴァニアで姿を消すまえに教えてくれた秘密のパスワードを試してみたり……、最終的にはあきらめちゃうってのもひとつの選択肢だね。

きみがテクノロジーについてくわしいか、くわしくないかにかかわらず、この世界は発明によって、過去とは完全に変わってしまっている。

ほんの50年前までは、ほとんどの家にパソコンがある生活なん

4 コンピュータは、何から生まれたの？　35

て、だれにも想像できなかった。この世に登場したときのコンピュータは、倉庫くらい大きかったんだから……。ましてや、だれでも電話をポケットにつっこんでる世界になるなんて！（ちなみに、ポケットって、いつ発明されたんだろうね？）

エイダはぼくの女神さま

　はじめて学校に行った日から、きみはきっとこんなふうに思っているよね？「計算って、なんてめんどうくさいんだろう！」

そんなきみは、チャールズ・バベッジに感謝しよう。19世紀前半、ロンドンに住むお金持ちのオタクだったバベッジは、きみの気持ちをわかってくれていたんだ。

バベッジは計算がきらいだったけど、苦手ってわけじゃなかった。ある日、バベッジは、石炭エンジンで動く計算機のアイデアを思いついた。その何十年もまえに、イギリスでジェームズ・ワットが蒸気機関を発明していたから、それをもとに着想したのさ。機械にカードを挿入し、それを読みこむことで計算をするんだ。

1833年、42歳のバベッジは、開発した計算機を科学界に発表した。聞いていたのは、ずっと年上の科学者ばかり。かれらはバベッジの発明について、おおいに疑いの目を向けていた。

幸運なことに、そのころ、彼はある女性と出会った。彼女の名前はエイダ・ラブレス。そのときまだ18歳だった。

エイダはとてもすぐれた知性の持ち主だったけど、女性という理由で大学に通うことはできなかった。でも、幸いにも彼女の母親がまた賢くて、彼女にさまざまなことを学ばせた（きみがこの探Qシリーズを読んでいるようにね）。

エイダはバベッジの発明に夢中になり、共同研究をするようになる。こうして彼女は、史上初の女性コンピュータ・プログラマーとなったんだ。毎年、10月の第2火曜日は「エイダ・ラブレスの日」として祝われ、彼女だけでなく、情報技術の発展に貢献したすべての女性たちが称えられる。

コンピュータの起源は計算機なんだよ。そして、その歴史は、チャールズ・バベッジとエイダ・ラブレスだけのものじゃない。テクノロジーの発明（ハードウェア）と知恵（ソフトウェア）との密接なつながりによって成り立っているんだ。

コンピュータ（計算機）の歴史

紀元前2700年〜紀元前2300年

そろばん

シュメール人が発明したといわれる、小さな玉と棒による計算機が、バビロニアや古代エジプトで使われた。

紀元前200年ごろ

アンティキテラの機械

知られている最初の計算機械は、歯車で動く惑星模型で、太陽の位置、月の満ち欠け、オリンピックの開催日を計算することができた。

820年ごろ

アルゴリズム（計算方法や処理手順のこと）

この名前は、当時の重要な代数学の教科書を書いた、アル＝フワーリズミーに由来している。彼は、太陽や星座の位置から航海中のみずからの位置を計算する機械「アストロラーベ」のつくり方についても説明している。

1642年

パスカリーヌ（パスカルの計算機）

フランスの数学者ブレーズ・パスカルが、歯車を回転させることで足し算と引き算をすることができる機械式計算機を発明し、世界を驚かせた。

1670年代

ライプニッツの歯車式乗除算機

偉大な哲学者で数学者でもあるライプニッツが、歯車をくふうして、パスカリーヌでかけ算やわり算ができるようにした。

1820年ごろ
アリスモメーター
トマ・ド・コルマが、世界で初めて、量産できる機械式計算機を設計し、オフィス業務に使われるようになった。

1946年
電子計算機ENIAC
世界初、史上最大のコンピュータ。約1万8000個の真空管が使われた。ぜんぶ並べたら、体育館がいっぱいになるほどの量だ。

1832年
階差機関
チャールズ・バベッジとジョセフ・クレメントが、6桁の計算ができる機械をつくった。部屋ひとつがいっぱいになるくらい大きな計算機だった。

パソコン開発の道のり

　巨大な計算機から「パーソナル・コンピュータ」への道のりは、とても入りくんでいて、たくさんの発明と陰謀に満ちた物語だ。

　コンピュータ開発のスタート地点に立ったのは、1960年代、イタリアのオリベッティ社の開発チームだった。かれらが開発した「プログラマ101（P101）」は、プログラム可能な計算機で、1970年代の本格的なパソコンの先駆けとなるものだった。マイクロプロセッサは、まだなかった。

　オリベッティ社のライバルは、アメリカのIBM社だった。IBM

は当時最大のコンピュータ企業で、第二次世界大戦前に、特別なカードを読みとる機械の特許をとり、販売した。これは、人口調査を迅速におこなうために使用された。IBMから技術提供を受けていたナチスは、この機械を使って、すばやくユダヤ人市民を見つけだしていたんだ。

　IBMはオリベッティの動向に注目していた。その革新的なアイデアを生みだすスピードを恐れていたんだ。残念ながら、アメリカとは対照的に、イタリア政府はオリベッティを支援せず、時代を見る目のなさをさらけ出してしまった。結果として、家庭用コンピュータの発明や開発に関する特許権は、急速にアメリカの企業に集中していったんだ。

　さて。現在では、コンピュータの内部には、だいたい同じものが入っているよ。こんな感じだ。

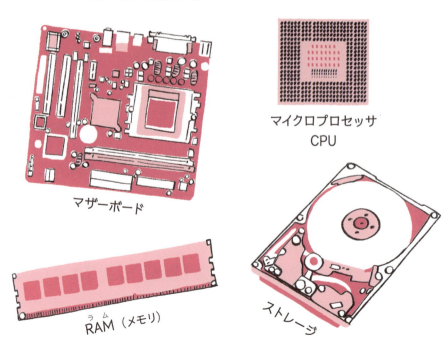

マザーボード

マイクロプロセッサ
CPU

RAM（メモリ）

ストレージ

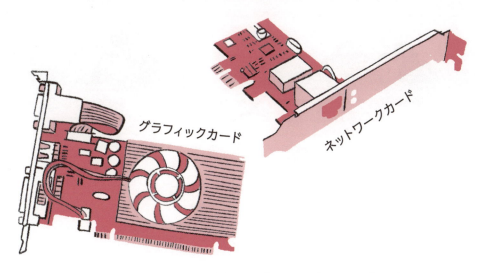

グラフィックカード

ネットワークカード

　こうした目に見える部品や機器を「ハードウェア」という。モニター、キーボード、マウス、スピーカー、モデム、ジョイスティック、コントローラー、そして、モバイルデバイス（デジタルカメラ、スマホ、音楽プレーヤー）などなど。

　コンピュータにさまざまなデバイスを接続（せつぞく）するために、ポート（差しこみ口）がつくられた。いちばん有名なのはUSBだね。コンピュータとのあいだで、データを高速で送受信することができる。

　そして、コンピュータで実行されるすべてのプログラムを総称（そうしょう）して「ソフトウェア」という。役に立つもの、あまりいらないもの、マジメなもの、遊び心のあるものと、いろいろあるね。

　ソフトウェアについて理解（りかい）するためには、まずはこのことばを理解する必要がある。──「デジタル」。

　デジタルって、なんとなく意味はわかる？　でも、そのほんらいの意味については、深く考えたことはないんじゃないかな。じつはこれ、ラテン語で「指」を意味する「digitus（ディギトゥス）」が語源（ごげん）なのさ。

　指とデジタルに、なんの関係があるんだよって？

　よし、つぎの疑問（ぎもん）でくわしく説明するとしようか。

4　コンピュータは、何から生まれたの？　41

5 デジタルって、どういう意味?

「デジタル」はいまや、あらゆるところにある。音楽、映画、テレビ、そして、どの電子機器でも、デジタル信号がもちいられている。

「デジタル化」とは、画像やテキストをコンピュータのなかに持っていくこと。コンピュータに読みこまれ、処理され、送受信され、編集されるすべてのものがデジタルなんだ。

> **デジタル**
>
> 「デジタル」は、英語の「digit」(数字の桁)が語源で、さらにたどると、ラテン語の「digitus」(指)に由来する。数を数えるときには指を使うからね。これを「数字」という意味ではじめて使ったのは、数学が大好きだった教皇・シルヴェストロ2世。
>
> いま、デジタルとは、コンピュータによって処理される、数字に変換されたすべてのものをいう。

デジタルは、「**アナログ**」ということばとよく対比される（たとえば、レコードはアナログで、CDはデジタルだ）。音・温度・湿度・空間・電気・色とかって、その物理的な量は目では見えないよね。デジタルもアナログも、これらを「データ」に変換し、再現するものだけど、その方式が違うんだ。

電子機器とコンピュータの登場によって、データを入れておくモノそのもの（レコード、カセットテープ、ビデオテープなど……う〜ん、もはや古代の遺物だ！）は、どんどん必要なくなってきている。データは、インターネット上にある「クラウド」のなかで休んでいて、必要なときに呼びだされ、パソコンやスマホをつうじて送信や再生がされるんだ。

かつて紙の記録は、傷み・洪水・火災などの危険につねにさらされていた。古代ギリシャ・ローマ時代における最大の図書館、アレクサンドリア図書館が、火災で壊滅しちゃったことからもわかる。

デジタルには、省コスト、省スペース、保存のしやすさなど、さまざまなメリットがある。データはすべてクラウドにあって、そこに接続できるコンピュータがあればいいんだからね。

じゃあ、デメリットは？ それはね、もしクラウドに接続できない場合、そのデータにアクセスする方法がまったくないってこと。

アナログ

アナログとは、たとえば映像や音声を再生しようとするとき、コンピュータを使わずに（つまり、データを数字に変換せずに）おこなう表現方法だ。

フィルムの写真や映像、カセットテープ、レコード、もっとさかのぼれば、エジソンのワックス・シリンダー蓄音機（当時の偉人たちの声を録音した）などがそうだ。

0と1だけの世界

　コンピュータの電子回路は、とってもシンプルな原則（げんそく）にもとづいている。そのシンプルさゆえに、かえって複雑（ふくざつ）に思えるかもしれないけどね。

　きみは何かを数えるとき、0から9までの10個（こ）の数字を使うよね。でも、コンピュータとその基盤（きばん）である電子回路は、ブール代数という代数学にもとづいて論理的（ろんりてき）に処理（しょり）をする。このブール代数では、0と1という2つの数字しか存在（そんざい）しない。0は「電気が流れていない」っていう意味で、1は「電気が流れている」っていう意味だ。

　つまり、オフとオンってわけさ。コンピュータは、このふたつの概念（がいねん）しか理解（りかい）できない。

　外の世界から来る情報（じょうほう）は、「ビット」という0と1の数字の列に変換される。この方法で、コンピュータは、ごく小さなスペースに膨大（ぼうだい）なデータをコンパクトにまとめて、処理できるんだよ。

数字の話

1バイト＝8ビット

1キロバイト（KB）＝1024バイト

1メガバイト（MB）＝104万8576バイト

1ギガバイト（GB）＝10億7374万1824バイト

1テラバイト（TB）＝1兆995億1162万7776バイト

　もちろん、保存されたデータは、ふたたび「もとの姿（すがた）」に変換される。もとの姿っていうのは、お気に入りの動画、好きな曲、家族といっしょに波にプカプカ浮（う）いているバカンスの写真……などだ。

0か1の数字が入る情報の箱のことを「ビット」といい、これが8つ集まったものを「1バイト」という。この情報の箱のなかに、コンピュータは、映画、音楽、ゲーム、文書なんかを保存するわけだ。その容量は、びっくりするほど大きい。さらに、インターネットに接続されたコンピュータどうしが送受信できるデータの容量は、もっともっとすごいぞ。

　コンピュータが進化するにつれて、容量はどんどん増えているけど、けっきょくはそれもいっぱいになっちゃう。だから、またはじめの問題点に立ちかえることになる。どうすれば、必要なスペースを有効に使い、保存したものを守ることができるんだろう？

　最新のスマホを買えばいいって？　う〜ん、あるていどは容量が増えるかもしれないけど、根本的な解決にはならないかな。

ハードディスクを広く使うには？

　データをデジタルで保存するには、メモリユニット（記憶管理装置）が必要だ。ふつう、それは「ハードディスク」とよばれる。

　ハードディスクは、大きな図書館みたいなものだ。違うのは、図書館にあるすべての本を、たった1冊の本のサイズに収納できるってこと。でも、それもいずれは、いっぱいになっちゃう。

　一般的なハードディスクの容量は、ギガバイト（GB）やテラバイト（TB）

> ハードディスクは小さく圧縮された大きな図書館みたいなものだ

で表示されるけど、数値は四捨五入されているので、800GBと表示されたメモリディスクが、じっさいには最大7.4％少ない容量しかないことがあるぞ。

　数字に強くなろう！　きみのハードディスクの容量がどれだけあろうと、限りあるスペースを賢く管理しないといけないことに変わりはないんだから。

　たとえば、MP3ファイルがどのくらいのスペースを占めるか、知ってる？　5分の音楽なら約5MBだ。動画は？　1分で約375MBのスペースが必要だ。1時間なら約22.5GB。5時間の動画なら（そこまで長い動画もめずらしいけど）、128GBのスマホを完全に埋めつくしてしまうぞ。

　2GBの容量があれば、何が入るかな？　12メガピクセルの解像度の写真なら約400枚、お気に入りの音楽380曲、または……。

　よし、数字の話はもうやめておこう。計算機を発明したチャールズ・バベッジよりも数字がきらいになっちゃいそうだからね！

ストリーミングで解決だ

　容量の問題を解決する方法として、ストリーミング方式がある。これなら、コンテンツが劣化する心配も、スマホの容量がいっぱいになる心配もない。データをダウンロードして保存するのではなく、ウェブ上にあるものを、受信しながら同時再生する方式だ。

　動画配信や音楽配信がこれだね。ネットを通じてとぎれずに供給され、きみはその連続した流れ（＝ストリーミング）を楽しむことができるってわけ。

5　デジタルって、どういう意味？　　47

容量を節約するには

ハードディスクを掃除する

ハードディスクは、すぐにいらないファイルでいっぱいになる。ときどききれいにしよう。自動でやってくれるソフトやアプリもあるよ。

いらないファイルは捨てる

すべてを保存しておく必要はない。捨てて、捨てて、捨てまくれ！

ネット接続を快適にするには

通信速度を知る

通信速度のテストをするソフトやアプリを探してみよう。家のなかにインターネットにつながったほかの機器があるなら、それらをネットから切断すれば、通信速度は速くなる。

動画の質を下げてみる

つねに高品質の動画で情報を得る必要はない。ネコにユニコーンのコスプレをさせる方法が知りたい？ そんなの、動画じゃなくて、文字情報でじゅうぶんかもしれないよね。

モノのインターネット、IoT

どんなモノや場所も、通信機能が組みこまれていれば、IoT（モノのインターネット）の一部になることができる。つまり、モノや場所をインターネットで接続して、データを共有することができるんだ。そんなことをして、何になるのかって？　考えてごらん、これはとても便利なんだぜ。

ネットで悪党に出会ったら

残念だけど、インターネットを楽しんでいると、いつかはかならず悪いやつに出会うことになる。悪いやつのなかには親しみやすい人もいれば、理想主義者もいれば、サギ師もいる。

だから気をつけるんだ。よくわからない相手からのメッセージには返信しないこと！　とくに、運よく何億円も当たるなんてことはないからね！

そして、安全なパスワードを考えるんだ。「oshiri-open」（オシリ・オープン）とか、覚えやすくてだれも思いつかないようなものがいい。Oのかわりに0を使って書くような、文字を数字に置きかえてパスワードのセキュリティを強化するテクニックを「leet」という。いまではすぐに破られてしまうけど……。

たとえば、登山で泊まる山小屋の給湯器にお願いすることができるだろ。「2時間後に着くから、点火して待っててね」って。
　スペインの都市、サンタンデールが実施しているように、街に何千ものセンサーを設置して、いちばん近くの空き駐車場をアプリで知ることもできるし、オランダのアムステルダムみたいに、センサーで感知して、人が通るときだけ街灯をつけることもできる。これは、環境的にも経済的にも大きなメリットがあるんだ。
　電動スクーターや自転車についても考えてみよう。多くの都市で、これらを自由に借りたり返したりできるスポットが用意されていて、スマホで利用料金を支払うことができる。もちろん、だれでも利用できるようにすると、壊してしまうやつはかならず現れるし、新しい発明やアイデアに反対する人は、かならず出てくるものだけど。
　IoTは急速に成長している。この本を書いている現在では、その市場規模は数百兆円にもなっている。そして、個々のデータを関連づけることができるIoTの特性を考えると、利用方法はまだまだたくさんあるはずだ。
　ところでさ。「将来、何になりたい？」って聞かれたら、なんて答える？
　「AIが自分のかわりに考えてくれるのをサポートする仕事をしたい」なんて、思ったこともないんじゃないかな。
　計算機が世界に登場したときも、そうだったんだ。世の中にこんなにコンピュータがあふれ、ぼくたち人間がそのサポートをすることになるなんて、だれも思っていなかった。
　そうなった大きな理由は、コンピュータがおたがいにインターネットでつながるようになったこと。もっとくわしく見てみよう。

5　デジタルって、どういう意味？

6 いつ、ぼくたちはクモの巣につかまった？

ワールドワイドウェブって、聞いたことある？

ワールド（世界）・ワイド（広い）・ウェブ（クモの巣！）。つまり、この世界中に広がるクモの巣っていう意味さ。略して「ウェブ」ともよばれる。

「インターネット」が情報をやりとりする通信技術を指すのに対し、「ウェブ」は、インターネット上でやりとりされる情報を閲覧するためのシステムをいう。

この巣はあまりに大きくて、もちろんきみも、この網にひっかかっている。いや、むしろ、きみは自分から望んでひっかかりにいったのかもしれない。

ネット空間は、きみを完全に現実世界から遠ざけるものじゃないし（だからといって、昼も夜もスマホにかじりついているのはよくないぞ！）、なにより、きみはだまって網につかまるチョウチョじゃな

い。むしろ、きみは網の一部。やりたいことや知りたいことを、きみがつかまえる立場なんだよ。

　火を囲んで座るようになってから、人間は町を築き、寺院を建て、学校をつくり、本を印刷し、電話を発明し、だれかとすばやく直接的にコミュニケーションをとる技術を開発してきた。

　話すことや情報を交換することは、大きな満足感を与えてくれる。毎日のささいなできごとや、大きなニュースがあったら、だれかと共有したいよね（Facebook、TikTok、X、Instagram、LINE……、きみはどれをいちばん使ってる？）。

史上初のウェブサイト

　1989年、ジュネーブのCERN（欧州原子核研究機構、世界最大規模の物理学の研究所）で働いていた計算機科学者のティム・バーナーズ＝リーは、コンピュータ上の文書を同僚の科学者たちが共有できるソフトの開発を、上司に提案した。そう、これこそがまさにウェブだ。

　このアイデアは「粗けずりだけど、おもしろいね！」と評価され、試してみることに決まった。1年後の1990年12月20日、ティムは史上初のウェブサイトをオンライン上に公開した。史上初の「ブラウザ」が現れるのは、それからわずか17日後だ。

　それはアンナリーザおばさんのケーキのブログみたいなできばえだったけど、これが記念すべき、ウェブのはじまりだった。1993年、そのウェブサイトのソースコードが公開された。つまり、自分のウェブサイトを作成したい人びとに無料で提供されたんだ。

それはべつにスマホ依存症ってわけじゃなく、きみの人間としての本能であり、社会的動物としての正常な感情だといえる。ぼくたち人間はつねに、趣味、仕事、地域、そのほかさまざまなコミュニティのネットワークを構築しようとする。ネットワークはどんどん大きくなって、ついには地球規模になるんだよ。

スーパーコンピュータの超能力

　何千キロも離れた場所にいる相手とだって、ぼくたちはメッセージをやりとりすることができるよね。そのメッセージは、送信されている途中はなんの形ももたず、相手に届いたとき、ようやく再現される。

　じつはね、世界中にただよう情報のほとんどすべては、完全に「あのお方」にコントロールされているんだ。だから、きみがだれかに送った「オシリニアナアケール」プロジェクトについてのメールは、「あのお方」の超能力で握りつぶされ、無限の彼方に消えてしまった。残念だったね、はっはっは……。

　ゴメンゴメン、途中から冗談になっちゃったけど、完全に冗談ってわけでもない。

　スーパーコンピュータと、その超能力についての話さ。その超能力の謎を解くカギは、「分割」と「再結合」だ。

　たくさんのコンピュータをネットワークでつなぐことの可能性を最初に感じたのは、発明家でも大科学者でもなく、政治家だった。彼の名前はドワイト・D・アイゼンハワー。アメリカ陸軍の将軍としてヨーロッパをナチスから解放し、のちにアメリカ合衆国大統領になった人物だ。

6　いつ、ぼくたちはクモの巣につかまった？　55

1957年、当時アメリカの最大のライバルだったロシア（旧ソ連）が、世界初の人工衛星「スプートニク」を宇宙に送りこんだ。アメリカは、その技術力に驚いた。

　そのころのコンピュータはひとつが部屋くらいの大きさで、何に使うのかもわからない巨大な金属のタンスみたいなものだった。でも、もちろんそのなかには、とても重要なデータがつまっていたんだ。もし、それらのコンピュータのどれかが壊れでもしたら、内部のデータは永遠に失われてしまう……。

　そこでアイゼンハワーは、優秀な頭脳を集めて、「アーパネット」の開発に取り組ませた。それが現在のインターネットの原型とされるもので、人が運ぶことなく、情報をすばやく移動させる方法だった。1969年に、最初の接続がおこなわれた。カリフォルニア州の600キロも離れた都市にある、4か所のコンピュータをネットワークでつなぐことに成功したんだ。

　でも、敵の傍受やコピー、不正利用などを防いで、データを安全に送信するのって、かなり難しそうだよね。いったいどうやったんだろう？——答えはとってもシンプルだ。データを小さな「パケット」（日本語で「小包」）に分けて、それぞれのデータが違うルートを通って、最終的に同じ目的地にたどり着くようにしたのさ（「分割」して「再結合」したってこと）。

たとえば、こんな感じかな。A地点からB地点まで1000人を移動させなくちゃいけないとする。1000人をいっぺんに電車に乗せるんじゃなくて、100人乗りのバスを10台使って、それぞれの運転手に「この時間にB地点に着いてね」と伝えるんだ。

これが、いまでも使われているシステムで、TCP/IP（Transfer Control Protocol / Internet Protocol）とよばれている。これはデータ処理に関するルール、言いかえれば、世界中のコンピュータが守るべきマナーみたいなものだ（機器やソフトの違いにかかわらず）。

このシステムによって、情報技術の世界に「インターネット」というキーワードが登場した。網（ネット）のようにつくられたネットワークどうしをつないだものが、インターネットだ（「インター」は「つなぐ」という意味をもつ）。

それが、いまきみがSNSを楽しんだり動画を観たりしているところさ。遠く離れたコンピュータどうしがコミュニケーションできるネットワークだ。高速なデータ通信システムが使われていて、世界中で使えるプログラムの共通言語がある（それがティム・バーナーズ＝リーの発明した「HTML言語」だ）。

そして、ウェブページの場所を特定し、かんたんに認識することができるアドレスシステムもあるんだ。それが「URL」だよ。

> **URL**
>
> URL（Uniform Resource Locator）は、ネットワーク上のすべてのデータ（ファイル、動画、音楽などなど）の唯一無二のありかを示す、アルファベットと数字の文字列だ。これを「ウェブアドレス」とよんでいて、一般的にwwwではじまる文字列で表される。そう、ワールドワイドウェブの頭文字Wだよ！

6 いつ、ぼくたちはクモの巣につかまった？

刺激の森、ウェブの未来

　映画やアメコミで有名な、クモの糸を使いこなすスパイダーマンは、「大いなる力には、大いなる責任がともなう」ということばを教訓にしている。

　インターネットは、世界中のすべてのコンピュータ、それに（いま世間に広まりつつある）洗濯機や冷蔵庫、暖房、そのほかマイクロプロセッサを搭載できるものすべてをつなげることができる「大いなる」力だ。……ちょっと想像するのは難しいね！

　こんにち、インターネットは、あらゆることがおこなわれる場所になっている。人びとにさまざまな能力を与え、可能性を提供し、圧倒的なスピードで何かを実現させる。

　そこは広場であり、図書館や映画館であり、お店でもある。YouTubeなら、見る側もつくる側もそこにはいるし、メルカリなら、買う側も売る側もいる。動画を投稿するには、スマホがあればじゅうぶん。お気に入りのユーチューバーの活動をフォローしたり、かれらのインスタにメッセージを書きこんだり、自分の誕生日におめでとうメッセージをもらったりすることもできる。世界最大の無

> **ケーブルで世界をつなぐ**
>
> 　インターネットは、人類がはじめて世界をつないだネットワークだ！……と思っているなら、残念ながら不正解。
> 　1858年から1902年にかけて、大英帝国がつくりあげた電信ケーブルは、ロンドンと世界中（の植民地）とをつなぐ海底ケーブルシステムだった。その名も「オール・レッド・ライン」。絶景として有名なオーストラリアのケーブル・ビーチは、ここにきていた巨大なケーブルにちなんで名づけられた。

料百科事典を読んだり、書きこんだりすることもできるね。

もちろん、ネット上には正しくて役に立つ情報もあれば、まちがっていてムダな情報もあるよ。同時に、まちがっているけど役に立つ情報や、正しいけどムダな情報もあるんだ。

マッチとクリップで小型ロケットをつくる方法（やってみよう！）や、輪ゴムとスパゲッティでロケットをつくる方法（これはウソ！いま思いついたんだ。おもしろそうだから動画を撮ってみようかな）を知ることができる。

インターネットは刺激の森だ。うっかり迷いこんでしまうと、ときどき、モラルのないやつが、ウソの情報、下品な内容、差別的な表現なんかを投稿して楽しんでいるのに出くわすことがある。

こういうことをするやつらは「トロール」とよばれる。ヘイトスピーチや、他人を攻撃することが目的になってしまっている人、お金をもらってやっている人など、さまざまだ。

ようするに、ちょっと道徳心に欠けるものに出くわすかもしれな

シスターであり科学者

1913年にアメリカに生まれたメアリー・ケネス・ケラーは、1932年にアイオワ州の修道院に入り、修道女になった。そしてダートマス大学で働きはじめ、1958年に最初の女性教授となったんだ（それまで大学教授は、男性だけに開かれたポストだった）。

ケラーはここで「BASIC」というプログラミング言語の開発に積極的に取り組んだ。これはコンピュータ科学の世界に革命を起こし、だれもが自宅にパソコンを持つことができるようになったんだ。彼女は1965年6月7日、アメリカで最初のコンピュータ科学の博士号を取得した。

いってこと。そういうものからはできるだけ離れて、見つけたら、だれかに報告しよう。

　たくさんの声があるのは豊かなことだ。インターネットはかかわる人びとみんなの意志によって、かつてないほどの大きな教育ツールになりうる。何十年もまえに修道女で科学者のメアリー・ケラーが言っていたようにね。

SNSとのつきあい方

　インターネットという巨大なネットワークのなかに、もっと小さなネットワークがある。それがSNSだ。SNSもウェブサイトの一種で、友だちや知り合いのコミュニティとコンテンツを共有できるのが特徴だ。

　YouTube、Instagram、Facebook、X（ツイッター）、LINE、TikTokをはじめ、ほかにもさまざまなSNSがあって、使い道もいろいろだ。日々、新しいものが登場し、古いものが消えていく。インターネットも進化しているんだ。

　とても楽しいし、役立つことも多い。とくに、いなかや山奥では不可欠といえるかも。SNSによって、どこにいても情報を発信できるようになったからね。ただし、この爆発的な増加は、ときに危険でもある。

　たとえば、いるべき場所に自分がいないんじゃないか、どこか別の場所で何か「もっといいこと」が起こっているんじゃないか、って不安になってしまうからだ。

　それに、SNSにいるすべての人が、善意にあふれたいい人ってわけじゃない。きみの誕生日や住所を聞いてくるやつらがみんな、

きみにプレゼントをあげようと思っているわけじゃないのさ。楽しむのはいいけど、警戒心も忘れずに。

ホップ、ステップ、ウェブ！

インターネットとそのコンテンツの歴史は、3つの段階に分けて考えることができる。

ウェブ1.0は、初期のウェブサイトやブラウザ（インターネットで情報を閲覧するためのプログラム）の使用が可能になった時代だ。このときにはまだ、ユーザーは情報を受けとる側だった。電子メールも登場した。

ウェブ2.0は、双方向の時代。人びとが情報を共有し、コミュニティに参加したり、コメントを投稿したりすることで、インターネットの成長に重要な役割を果たすようになった。SNSが発展した。

ウェブ3.0は、多くのデバイスがたがいに接続され、データやAIを体系的に活用し、コンテンツを共同で作成する時代だ。

ディフェンスを鉄壁に

差出人がよくわからないメールの添付ファイルは、ぜったいに開いちゃダメだ！

パスワードはウェブサイトごとに変えよう。考えるのがめんどうなら、パスワードの自動作成サービスを使えばいいからね。

知らない人に、自分の情報をあまり与えないように。

何かヘンだぞって感じたら、いったん立ちどまって、あやしいファイルやメール、アプリは削除する。場合によっては電源を切ろう。

ネットいじめ（SNSでの誹謗中傷）

　いじめをするやつらの唯一の目的は、いやがらせを言って、きみをイヤな気持ちにさせること。やつらはきみの不安につけこんで、身長が高い・低い、太っている・やせている、お金持ちだ・貧乏だ、などなど、どんな理由からでも悪口を生みだして、からかってくる。

　けっきょく、他人の何がいいだの悪いだの、あれこれ言って時間を浪費するようなやつは、自分自身に何か問題があるのさ。

　こういうやつらはネットのなかにもいる。やつらはこちらが反応することで満足する。相手にせず、無視しよう。言い返したり攻撃的になってしまったりしたら、やつらの思うつぼだ。

　ネット上には、はじめはいい人みたいに思えても、何かのきっかけで敵意をむきだしにして、ひどいメッセージを送ってくるやつがたくさんいる。そいつらは、モニターの後ろに隠れていられると思って、安心してるんだ。でも、そうはいかない。ネットいじめに悩まされたら、SNSの管理者に通報しよう。親や警察に相談するのもいいね。

　そして、きみ自身も、自分の投稿がだれかを不快にさせないように気をつけよう。コメントや写真を投稿するまえに、「将来、自分はこの投稿をはずかしく思わないだろうか？」って問いかけてみるんだ。

　ほかにもいくつか、かんたんにアドバイスをしておこう。

　テキストをすべて太字で書かないこと（ふつうの文字より目立つから、ネット上では大声で言ってる意味をもつんだ）。攻撃的な相手にはすぐに返事しないこと。だれのこともバカにしないこと。

　腹が立っても、そんなこと気にせずに、散歩にでもいこう。つまり、ふだんの生活と同じようにして、きみの時間をうばおうとするやつらのために時間をムダ使いしないようにするんだ。

7

スマホは
きみの親友？

　きみのいちばんの親友は？　えっ、スマホだって？　できれば、そうじゃないほうがいいね。

　ほんものの人間か、ネコやイヌの友だちがいたほうがいい。つまり、気持ちが通じあう相手ってこと。

　スマートフォンは「スマート」（賢い）＋「フォン」（電話）っていうくらいだから、すごくいい発明なのはたしかだよ。ぼくも持ってるし、みんなが持ちたいって思ってる。正直、ほんとに役に立つからね。勉強にも使えるし、情報を探したり、チャットしたり、ゲームをしたり。

　おや、もしかして、あの子が「既読」をつけてくれるのを待って、ドキドキしてるの？　でも、きみの気持ちがちゃんと伝わっているかな？　まちがって別の子に送っちゃったりしてない？　あ、待てよ。

イタズラ好きの弟がスマホを勝手にいじって、きみのはずかしい写真をSNSにアップしちゃったってことはないよね？

　スマホは人とのつながりを与えてくれるけど、集中力を散漫にしたり、不安や孤独感をもたらすこともある。つまりは、使い方しだいなのさ。

　スマホがなかった時代の子どもたち（ほんとうにそんな時代があったんだよ、信じて！）は、いまとくらべて、お金をかけずに楽しむことができた。スマホは賢く使わないと、通信料金がバカ高くなるからね。

　そうはいっても、電話を世界でいちばん大切なものみたいに扱うのは、きみたちの世代が最初というわけじゃない。

　きみの親だって若いころは、電話が鳴るのを何時間も待ったり、何時にかけるべきか悩んだり、相手のお母さんが電話に出たらどうしゃべろうか、なんて頭をひねっていたんだ。固定電話だったころには、家族のだれでも電話をとる可能性があったからね。

　たとえば、ペスという子の家に電話して、お母さんが電話に出たとするよね。そのときはじめて、きみは彼女のことをいつも「ペス」としか呼んでなかったことに気づくんだ。きみも、まわりの友だちも、ペスの本名を知らなかったんだよね。

　こんなときどうしよう？
「ごめんなさい、おばさん、ペスを呼んでくれますか」って言う？　それとも、あわてて電話を切る？

電話はぼくたちの生活を変えてきた

電話が鳴らなかったころ

電話の発明者はアントニオ・メウッチで、のちに、アレクサンダー・グラハム・ベルが特許を取得したけど、着信を知らせる方法については、ふたりとも考えなかった。呼び鈴を考案したのは、ベルの助手のひとりであるワトソンだ（名探偵ホームズといい、世の中にはワトソンっていう助手が多い！）。「ベル」は英語で「鈴」という意味なのに、ベルが思いつかなかったのは、ほんとうに不思議だね。「初歩的なことだよ、ベルくん！」と、こぞとばかりにワトソンが言ったとか、言わなかったとか。

もしもし、どなた？

電話は20世紀の偉大な発明のひとつだ。さあ、まずは固定電話について。どんなしくみか知っているかな？

番号をダイヤルすると、遠く離れたふたつの受話器のあいだの回路がつながり、電話用周波数帯域の一部を使って、音声が伝わるようになる。それは、その接続がきみ専用であることを意味する。「電話帯域」っていうのを、映画館の座席にたとえるとわかりやすいかな。電話しているあいだは、映画の上映中と同じ。きみが席を立って去るまで、ほかのだれも座ることはできない（つまり、その接続は、ほかのだれとも共有されない）。

接続のしくみは、けっこう複雑だった。家の電話はまず、地元の電話会社につながって、そこから地域の中央局、さらに大きなエリ

7 スマホはきみの親友？ 67

アの中央局へとのぼっていく。そこから相手の地域の中央局にふり分けられ、最終的には相手の受話器に届くというシステムだ。

電話ができた当初は、電話番号をダイヤルするかわりに、まず「電話交換局」に電話をかけて、相手の電話につないでくれるようにお願いをした。接続は交換局で、人が手動で操作していたんだよ。

その後、番号ダイヤルで自動でつながるようになったけど、電話線につながった固定電話であることは変わらなかった。

電話の歴史

1877年
最初の電話会社である「ベル電話会社」がアメリカに設立。このころは、電話交換手が通話を取り次いでいた。

1891年
アメリカのアルモン・ブラウン・ストロージャーが、交換手なしでつながる自動電話交換機を発明し、特許を取得した。

1960年
スウェーデンで、自動車にとりつける携帯電話がはじめて設置された。

1970年
アメリカの電話会社、AT＆Tが、最初のテレビ電話「ピクチャーフォン」を発売する（あまり売れなかった）。

でも、その不自由さは、ある日、特大の牛乳パックを持った男が現れたときに終わりを迎える。……ああ、ごめんごめん、牛乳パックとうっかり見まちがえちゃった。

　その男性は、アメリカの通信機器メーカー「モトローラ」のエンジニア（電気技師）、マーティン・クーパー。彼が手にしていたのは牛乳パックじゃなくて、史上初の携帯電話だ。お気に入りのテレビ番組「スタートレック」に登場した通信機を見て、思いついてつくったんだって。

1980年
携帯電話「AEGテレカー」が誕生。縦22.8センチ、横12.7センチで、重さは1キロ以上。まるでネコを抱きあげて電話するような感じだね。

1994年
IBMの「サイモン」が登場。最初のタッチスクリーンつきスマートフォンだ。

2000年
シャープ「J-SH04」が登場。ここからカメラ内蔵型の携帯電話が大流行した。

2007年
初代「iPhone」が発売される。

7　スマホはきみの親友？　69

1973年４月３日、マーティン・クーパーは、最初の携帯電話による初の通話をおこなった。無線と有線を組み合わせて車外と電話できる自動車電話ネットワークを使用してね。

　10年後、それより抜群に軽いモデル（800グラム）が発表される。当時としては信じられないほどスリムだった（25センチもあったけど）。ただし、バッテリーの持ち時間はわずか30分で、充電に10時間かかり、連絡先は30件しか保存できない。それに価格も高かった。なんと、１台4000ドル（当時は100万円くらい）！

　それでも、そこに未来があることは明らかだった。興味深いテクノロジーが現れると、多くの企業が飛びつくのはいつものこと。

　しだいに携帯電話は進化し、頑丈で、バッテリーの持ちも長くなる。伝説となっている「Nokia 3310」もそのひとつだ。階段からころげ落ちても、傷ひとつつかなかったといわれているからね。

　だけど、まだそのころには、動画や音楽を楽しむことも、一瞬で飛行機やホテルの予約をすることもできなかった。というか、携帯電話でそんなことをする発想すらなかった。

　そうしたことは、2007年に、スティーブ・ジョブズがiPhoneを発表するのを待たなきゃいけなかったのさ。

数字の話

総務省が発表している、情報通信機器の世帯保有率を見てみよう。2010年に日本でスマホを持っていたのは、全世帯の9.7％だった。それが2011年には29.3％、2012年には49.5％となり、2021年には88.6％になった。パソコンやタブレットなどもふくめた、モバイル端末全体では、97.3％。ほぼすべての世帯だ。

スマホについて知らない5つのこと

1. スマホのテクノロジーは、少なくとも25万の異なる特許にもとづいている。

2. スマホのようなデジタルコンテンツに接していると、静止した視覚刺激（たとえば絵画）に対しては、平均でたった8秒しか集中できない。

3. 10代がスマホを使う時間は年々長くなっている。長時間、動画やゲーム、SNSから離れられないスマホ依存も問題になっている。

4. 世界中で60億人がスマホを持っている。だけど、トイレを持っている人は45億人しかいない。

5. たぶん、きみのスマホは、人類を初めて月に送ったときのNASAのコンピュータよりも高性能だ。

7 スマホはきみの親友？

アプリの時代だぜ

　スティーブ・ジョブズは、先見の明のある起業家であり、テクノロジーへの情熱と巧妙なマーケティング戦略の持ち主だった。小さなガレージと大きなアイデアで一歩を踏みだし、20世紀のテクノロジー業界をリードして、その帝国を築きあげたんだ。
「オシリニアナアケール」や「ネコ語に変換機」を開発するためには、何が必要かって？　ジョブズの例にならえば、いつでも発明に没頭できるガレージがあると、役には立つだろうね。
　でもね、それだけじゃダメなのさ。きみに必要なのは「使命」だ。
　ジョブズの使命は、新しいテクノロジーを、よりかっこよく、そして使いやすくすることだった。ケーブルも取扱説明書もなく、ただデザインの美しさだけで、人びとの目を楽しませ、使いたい気持ちにさせる。彼は、「モノと人の関係」そのものを改善しようとしたんだ。つまり、モノを選ぶときに重要なのは、価格だけじゃなく、その品質や価値だってみんなに思ってもらえれば、ほかよりちょっと高くても、買ってくれるはずだって考えたのさ。
　iPhoneの開発にあたっては、当時市販されていた携帯電話のキーボタンをなくして画面を大きくし、画面上にはさまざまなアプリのアイコンやキーパッドを表示させ、指でタッチ操作できるようにした。
　注目すべきは、タッチスクリーンも、電話も、カレンダーも、電卓も、時計も、初代iPhoneにデフォルトで入っていたアプリも、すべて彼の創作物じゃなかったってことだ。
　彼と彼のチームがやったことは、それらを洗練されたエレガントなデザインの「入れもの」にまとめ、そこにかれらのノートパソコンと同じ高性能のプロセッサ（データ処理装置）を入れることだっ

た。こうして人びとの手に、最初の個人用マイクロコンピュータを提供したんだ。

　当時はまだ、アプリの数は少なかった。いまでは3500億以上のアプリがあって、ゲームも音楽も楽しめるし、ニュースも読めて、冷蔵庫に足りない食材もわかるようになった。

　きみの「ネコ語に変換機」も、アプリにできるかもしれないな。なんだかワクワクしてこない？　だって、そんじょそこらのアプリに負けない可能性を秘めているんだぜ。3500億の頂点をめざせ！

こんなのもあるぞ、アプリの世界

Lick the Icicle（つららをなめろ）は、画面上のつららをなめて完全にとかしてしまうゲーム。

Poop-Log（お通じ記録）は、ウンコ観察アプリ。分類システムにもとづいて、形・色・回数などをチェックできるんだ。

PlantSnapは、撮った写真から、植物や花の名前を知るためのアプリだ。

Tech Termsは、テクノロジーの世界の用語や略語の意味を理解するための、用語集アプリだよ。

8 家電がおしゃべりするって、ほんと?

　家電どうしがおしゃべりしてるって、ほんと? ほんとだよ。
きみが寝ているあいだ、洗濯機はきみの「靴下のにおいがくさすぎる」って言い、スマートテレビは「同じシリーズの2話目を何度も観るのはもううんざりさ」ってグチり、冷蔵庫は「扉を勢いよく開け閉めするの、カンベンしてほしいよ」ってなげいてる。そうやって、みんなで文句を言いあってるのさ。
　口は悪いけど、ほんとうはきみのことが大好きなんだから、大目に見てあげてよね。
　ま、ここまではジョーク。ほとんどの家電は、ごく少数のわがままなやつをのぞいて、きみや家族の快適さを実現するために設計され、つくられ、プログラムされているんだ。

IoT（モノのインターネット）の世界で急成長している分野のひとつが、スマートホーム技術だ。この**「ホームオートメーション」**のおかげで、家にある家電を外出先からでもコントロールしたり、タイマーをセットしたりできる。スーパーで買いものをしながら冷蔵庫の中身を確認することもできるし、外にいて洗濯機を回すことだってできるんだ（お母さんが仕事から帰るまえにやっておくようにいわれてたよね）。スマート家電っていわれてる。

> **ホームオートメーション**
>
> ホームオートメーションは、ドモティクスともいって、IT（通信技術）を使って人びとの生活の質を向上させるためのテクノロジーさ。一般的には、家や、人が生活したりすごしたりする場所で使われているんだ。

ヤキモチも焼くトースター

感情をもったトースター「Brad」は、イタリアのデザイナー、シモーネ・レバウデンゴ（Simone Rebaudengo）のアイデア品だ。Bradは自分の感情を伝えることができる。あまり使わないとすねてしまうし、いつも使ってあげると幸せいっぱいだ。

不満があると、Bradはインターネットに接続する。そして、ほかのトースターたちが自分よりもかわいがられていることを知ったら？　チーン！　おや、トーストが焼けたみた……あちゃ～、黒こげだ！

ね？　ほんとにヤキモチ焼きだろ？　こまめに使って、愛情を示してあげよう。

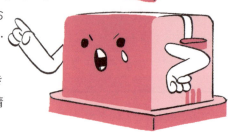

ホームオートメーションの可能性

　ふ〜、ヤキモチ焼きさんはさておき、ホームオートメーションはマジメな話だよ。

　19世紀末、アメリカのウィリアム・ペン・パワーズは、自動温度調節器を製造する工場を設立し、思いがけず、この分野の先駆者となった。これによって何百万もの人びとの生活が、よりよい方向に変わりはじめたんだ。

　部屋の温度とその持続時間を自分で決められるようになり、生活の質がぐんと上がった。と同時に、エネルギーの消費量をぐんと減らせるようにもなった。それ以前は、暖かい環境ですごすためには、1日中、暖炉とボイラーをフル稼働させなくちゃいけなかったからね。

　同じころ、シカゴのパーマー・ハウス・ヒルトンホテルでは、史上はじめて、当時はとても革新的な技術だった空調システムを備えた。これによって、宿泊客は快適にすごせるようになったんだ。

　いまではあたりまえのように感じるかもしれないけど、当時はそうじゃなかった。つまり、快適な生活と、省エネ、リサイクル、環境保護なんかを同時に実現させようなんて発想を、人びとはあまりもっていなかったんだ。

　テクノロジーが応えるべきニーズは変わるんだ。そして、その変化にあまりかかわりのない人たちにとっては、なぜそんなことが必要なのか、理解しづらいことが多い。

　「スマートホーム」では、シンプルでわかりやすい画面デザインのタッチスクリーンを使って、家電製品と直接コミュニケーションがとれるし、家電どうしもネットを通じて、おたがいに情報をやりとりできる。「靴下がめちゃくちゃくさいんだよ〜」なんて、洗濯機

8　家電がおしゃべりするって、ほんと？　77

が冷蔵庫にグチるのかって？ いやいや、そういうことじゃなくて（でも、よっぽどくさかったらありえるかもね！）、家全体を支えるシステムの動作状況についての情報さ。

水を出しっぱなしにしちゃった？ 心配いらない。コントロールユニットが、蛇口に接続された周辺デバイスから情報を受けとり、家が水びたしになるまえに通知をくれる。

不審者が家に忍びこもうとしている？　だいじょうぶ、そんなときも通知をくれる（場合によっては警報が鳴りひびく！）。
快適で安全な住まいでは、みんながよりよい生活を実現できる。子どもも、動物も、女性も男性も、そしてロボットも。

もちろんさ、ロボットにも快適さが必要だ。それについては、つぎの章でくわしく話そう。

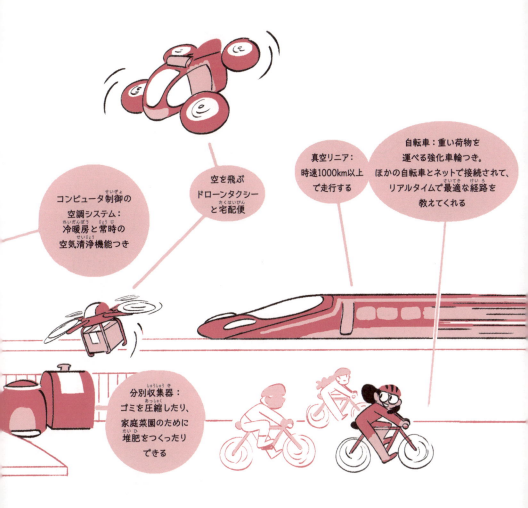

8　家電がおしゃべりするって、ほんと？　79

9 ロボットは、自分がロボットってわかってる?

ロボットはこの社会にひそんでいて、ますます人間みたいな姿になってきている。そして、世界を支配するための秘密の計画をもっている……なーんてね。現実は、映画「ブレードランナー」の世界とは違う。あんなことは起こらない(でも、あの映画は傑作だ! もし観たことがないなら、観てみて)。

ロボットは善でも悪でもない。かれらはただ働き、行動する。そして、その驚くべき力によって、ぼくたちのかわりに過酷な仕事や危険な作業をこなし、爆弾解除、家の掃除、同じボルトを何百万回も締める作業なんかをやっている。有害な環境や危険な場所でも、眉1本動かさずにやることができるんだ(ほとんどのロボットに眉毛はないけどね!)。

9 ロボットは、自分がロボットってわかってる? 81

さらには、マナーを知っていて礼儀正しく、友だちみたいなロボットだっているんだ。まるで、きみの飼ってるネコみたいだろ？
　何千年もまえから、人間が「ロボット」をつくってきたことには、ちゃんと理由があるのさ。それらは時代と場所によって、さまざまな名前でよばれてきた。

錬金術師のしもべたち

　かつて、錬金術師たちは、馬のフンから「ホムンクルス」という小さなしもべを生みだすことができると信じていた。死んだ体に生命を吹きこむ話から「フランケンシュタイン」の伝説が生まれ、粘土でつくった人形に生命を吹きこむ話から「ゴーレム」の神話が生まれた。

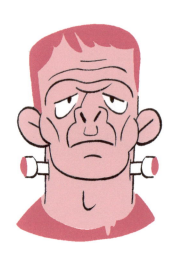

ロボット

　このことばは「robota」（強制労働）というチェコ語に由来する。1920年に作家のカレル・チャペックが、作品のなかで「自動機械の使用人」をそう名づけたのがはじまり。
　ロボットは、一般的にはくり返しの作業をするためにプログラムされた機械のことをいう。でも、いまでは人工知能が進化して、かんたんな判断なら自分でできるようになった。最新の家電製品も、ロボットの一種だよ。

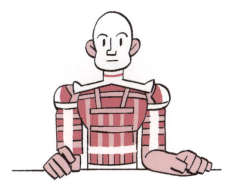

オートマタ（自動人形）

機械で生きものを再現しようとした、最初の試みだ（あくまで、生きもののように動くというだけだけどね）。踊ったり、チェスをしたりするものや、鎧を着た騎士などがあった。

アンドロイド

19世紀にアンドロイドといえば、人間の姿をしたおもちゃのことだった。でもいまでは、コミュニケーション可能なAIを備えた機械を指す。有名なものには、日本のホンダがつくった「アシモ」、香港のハンソン・ロボティクスがつくった「ソフィア」（オードリー・ヘップバーンがモデル）、大阪大学の石黒浩氏らがつくった「ジェミノイド」などがある（シリコンの人工皮膚まで備えているぞ）。

サイボーグ

サイボーグはSFのなかだけのものじゃなくて、人間の身体に、電子的・機械的な人工物を組み合わせたものをいう。すでに義肢の分野では、この原理がおおいに利用されているんだ。将来的には、映画「ターミネーター」のT-800みたいなサイボーグが現実になるかも？

9 ロボットは、自分がロボットってわかってる？ 83

オートマタから3D（スリーディー）ロボットへ

　紀元前10世紀、中国の偃師は、リズムにあわせて歌って踊れる人間大の人形をつくった、という話が伝えられている。材料は木と皮で、内部には機械部品を大量の接着剤でくっつけたんだって。

　このオートマタ（自動人形）が、どれほど歌がうまかったか、ボストン・ダイナミクスのダンスロボット（YouTubeで観て！）と1時間踊りつづけることができたか、いまじゃわからない。

　古代ギリシャ人も、人間に似た機械をつくるのに熱心だった。十数世紀ののち、超天才のレオナルド・ダ・ヴィンチも、機械の騎士を設計した。それは、立ちあがったり座ったり、頭を動かしたり、口を開けたりすることができた。

　18世紀には、フランスの発明家、ジャック・ド・ヴォーコンソンが、驚くべき能力をもつアヒルをつくった。なんとそのアヒルは、飛ぶだけじゃなく、鳴くことも、エサを食べることもできた。しかも、エサを消化してウンコをするしかけすらあったんだ。

　18世紀から19世紀にかけて、ロボット工学は飛躍的な進化をとげた。なぜかって？　世界で産業革命が起こり、そして、霊魂やス

ピリチュアルの概念も登場したから。これによって、「魂と機械」「肉体と機械」といったふたつの要素が結びついてきたからだ。

> 19世紀のロボット工学では、肉体・魂・機械が結びつこうとしていた

このころ、メアリー・シェリーが小説『フランケンシュタイン』を書いたのも偶然じゃない。これは人間の死体から生みだした怪物の話で、なんとこの怪物、電気のエネルギーで生命を得て動きだすんだ。この物語は、ぼくたち人間がかかえていたもっとも重要な問いのひとつを、目に見える形にした。

「テクノロジーが人間の手から逃げだしたら、どうなるんだろう？」

これは、20世紀に入っても問われたことで、ロシア出身のSF作家、アイザック・アシモフも、小説のなかで同じ疑問を投げかけた。アシモフは1950年、「ロボット工学三原則」（89ページで紹介）を提唱した。それは、ゼネラルモーターズが自動車生産にはじめてロボットアームを導入し、日本で最初の二足歩行ロボットが登場するより10年以上もまえのことだった。

その後、ロボット開発はどんどん進み、かわいそうなロボットたちは、ボルトも凍るような南極や、暗い深海、山の頂上、さらには火星など、とんでもないところに行かされてきた。

かれらはそれについて、どう思ってるんだろうね？　というか、ロボットって、何かを考えたりするのかな？　たとえば、きみのことなんかをさ？

9　ロボットは、自分がロボットってわかってる？　　85

このことは大マジメに研究されていて、ひとつの学問分野となっている。それが「ロボット倫理学」だ。

　ロボット倫理学は、ぼくたちが日々直面する倫理的な大問題を、ロボットにどこまで適用するべきかを考えてみる学問分野だ。たとえば、お母さんにウソをつくか、正直に言うか。ミニテストをサボるために頭が痛いふりをするか、負け戦に挑むか。あの子のノートを隠した犯人を先生に告げ口するか、しないか。

　こんなふうな質問に対して、ロボットが自分で判断することが可能だとしよう。そのとき大切なのは、ロボット技術の進化が、人類の幸福と知識の共有だけを純粋に考えておこなわれているか、その恩恵がすべての人びとにいきわたっているか、これらをつねに確認することだ。

　たとえば、初期の携帯電話はすごく高価だった。いまの家庭用ロボットも、とっても高いよね。じゃあ、家庭用ロボットは裕福な人たちのためのぜいたく品になるだけ？　それって、なんの意味がある？

ペットロボット

ビッグ・ドッグ（BigDog）

めちゃくちゃ険しい地形でも最大180キロの荷物を運ぶことができる、スーパー・イヌ型ロボット。その最新型「チーター」は、どんなアスリートよりも速く走り、高さ40センチの障害物を飛びこえることができる。

エアル・スパイダー（Erle-Spider）

クモ型ロボット。井戸や工業プラントの最深部で溶接作業をする。

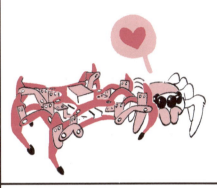

ロボ・ビー（RoboBee）

ハチ型ドローン。ミツバチのように花の受粉をする。ミツバチはますます少なくなり、地球上の生物にとって必要不可欠な受粉活動をおこなうのが難しくなってきているんだ。

ドルフィン（Robot Dolphin）

イルカ型ロボット。体重270キロ。本物のイルカのように水槽のなかを動く。アニマトロニクス（生物の形や動きを精巧に再現するロボット）の専門家が設計した。

友だちロボット

ロボットの友だちがほしいって？

だったら、「Pepper」はどうかな。日本の一般向けヒト型ロボットで（日本はロボット研究がもっとも進んでいる国のひとつだ）、おしゃべりしたり、要求や感情を理解したりできる。お店やカフェなんかで、Pepperを店員として「雇って」いるんだよ！ 介護施設でも人気者なんだって。

それとも、フランスの「Romeo」かな。高齢者や視覚障害者の日常生活をサポートするために設計されたヒト型ロボットで、買いもの袋を運んだり、ベッドから起きあがるのを手伝ったりするために開発されている。

イタリア工科大学は、子ども型ロボット「iCub」の開発に何年も取り組んでいる。iCubは歩いたりはったりして動き、見聞きした経験から情報を得て、成長していく。iCubは、子どもの学習プロセスの研究にとても役立っている。そして、日増しにぼくたち人間に似てきているんだ。

お届けものです！

いまのところ、アメリカ・ワシントン州のスノホミッシュ郡だけでの話だけど、将来、きみの街でも起こるかもしれない。

荷物は、もう人間じゃなくて、車輪とセンサーとGPSを備えた小型ロボットが配達しているんだ。この取り組みは、ネット通販専門の、ある大手企業がはじめた。そして、人間の仕事をロボットに置きかえるときによくあるように、多くの論争を巻きおこした。

アシモフの「ロボット工学三原則」

1. ロボットは、人間（きみ）に危害を加えてはならない。また、人間（きみ）に危害がおよぶのを見すごしてはならない。

2. ロボットは、人間（きみ）の命令に従わなければならない。ただし、その命令が第1の原則に違反しないかぎり。

3. ロボットは、第1と第2の原則に違反しない範囲で、自分を守らなければならない。

アシモフがのちに追加した第0の原則もある。

0. ロボットは、人類に危害を加えてはならない。また、人類に危害がおよぶのを見すごしてはならない。

第0原則は、第1原則の「人間」を「人類」に置きかえたものだ。また、第0原則の登場により、第1原則には、「ただし、第0原則に反する場合は、このかぎりではない」という一文がつけ加えられた。

ロボット開発においては、安全性と倫理を確保するために、これらの基本原則が参考にされている。

ロボット教室で学んでみる？

　日本でも、ロボット教室が増えている。たとえば、学研の「ロボットプログラミング講座」や、大学やNPOが主催するワークショップなんかがある。

　そうした教室で学んで、自作のロボットで、ロボット競技会に出場することもできるぞ。「ロボカップジュニア」は有名だ。長年おこなわれている「高専ロボコン」は、テレビでも放映されている。

　ロボット作成キットについて知りたければ、レゴ・マインドス

宇宙最強ロボ

　それは日本で「UFOロボ グレンダイザー」という名前で生まれ、フランスのビジネスマンによってヨーロッパに持ちこまれ、「ゴルドラック（ゴールドレイク）」という名前でテレビ放送された。1978年には一瞬でイタリア全土の子どもたちのヒーローになり、たぶん、史上もっとも有名なロボットとなったんだ。そのかがやく鎧、最強の槍、銀河をめぐる冒険、そして世界的な名声。

　とはいえ、こんなにバイオレンスなロボットは（もちろん、すごくいいやつなんだけど）、子どもたちの心にいい影響を与えるだろうか？

　あのころの親たちがそんなふうに感じたように、いまの親たちも、タブレットやスマホについて心配している。

　その心配を晴らしてあげるのは、きみたちだ。ちゃんと勉強すること。スマホは賢く使えば、すばらしい知識や知恵を与えてくれる。

トーム（Lego Mindstorms）、アルドゥイーノ（Arduino）、ラズベリー・パイ（Raspberry Pi）なんかのウェブサイトを見てみるといいよ（英語だけのサイトもあるけど）。

　プログラミングの基礎を少し学んでみると、ロボットについて理解するのに役立つかもしれないよ。偉大な宇宙物理学者、スティーブン・ホーキングは、それが、21世紀にまだ答えの出ていないほとんどすべての疑問に対処するための必須条件だと言っていたんだ。

　数学が苦手？　う〜ん、ちょっとは克服しないといけないだろうな。世界中で驚異的な成長をとげているこの分野で、将来、活躍したいならね。

　工業分野にとどまらず、高度な自動化が必要な多くの分野でロボットを活用している国、その世界トップ3は、シンガポール、韓国、日本だ。ヨーロッパでは、ドイツ、スウェーデン、デンマーク、ベルギー、イタリアがトップ10に入っている。イタリアでは、とくに金属製品業界が、産業用ロボットの高い導入率を誇っている。つまり、物理的な加工技術とプログラミングなどのデジタル技術、どちらが欠けても未来を築くことはできないってことだ。

　きみがもし、女性はデジタル分野やロボット開発に向いていないと思っているなら、大まちがいだ。MIT（マサチューセッツ工科大学）のシンシア・ブリジール教授をはじめ、めちゃめちゃわくわくするロボットをつくって、活躍している女性の研究者もいる。どの分野でもそうだけど、多様な人びとの、いろんな視点があることが重要なんだ。

　え？　そろそろ人工知能（AI）についても知りたいって？　なんだかすごく賢そうだけど……って？　よし。じゃあ、これからその疑問を解いていこう。

10 人工知能って、ほんとうに賢いの？

　人工知能はほんとうに賢いのかって？　その質問に答えるまえに、ぼくから質問だ。

　人工じゃない知能なんてあるのかな？

　おっと、ゴメンゴメン。話をややこしくしたいわけじゃないんだ。知能は、たくさんの身体的・精神的な能力の組み合わせで、なによりも「経験」から生まれる。経験は、ほったらかしで勝手に積みかさなっていくものじゃない。外部からさまざまな刺激を受けとって、つくられていくものだ。

　きみが信じられないほど賢いのは、小さいころから、きみを育ててくれた大人が「プログラム」してくれたからさ。かれらは物語を読み聞かせ、会話し、特定の視点や価値基準から世界を示し、他者とのつながりをつくってくれたりしたよね？　そのおかげで、きみは知性を獲得してきたんだ。それに、学校や、本、ネット番組、映

10　人工知能って、ほんとうに賢いの？　93

画、アニメ、グーグル検索などで学びながら、きみ自身でもプログラムを続けてきた。

きみがとーーっても賢いのは、目・鼻・口・手・耳といった感覚器官が長年にわたり膨大なデータと情報を蓄積して、それを脳が、個人的な経験や思考スタイルにもとづいて結びつけ、認識し、活用することができるからさ。

新鮮な牛乳の香りや、動物のフンの堆肥をまいた畑のにおいは、酪農や農業のたまものだ。でも、原始時代に洞窟で暮らしていた人びとは、そのにおいをかいだことがなかった（まあ、フンのにおいに鼻をつまむ必要がなかったから、両手を自由に動かせて車輪を発明できたのかもしれないけどね！）。

フォークを持つ、4＋4を計算する、Sという文字を書く、靴ひもを結ぶ、愛情を示す適切なタイミングを知る――。すべてが知性であり、すべてが「人工的」だ。

人工じゃない知能なんてない

そして、記憶の問題もある。コンピュータの記憶は、完璧で正確で強力だ。いつでも何度でも、同じように思い出せる。壊れていないかぎり、何かを忘れたりすることはない。だから、人間からすると……、とても退屈なんだよね。

きみは、おばあちゃんの誕生日を忘れちゃうことがあるだろ？でも、気づいたらすぐに言い訳を考えたり、急いでプレゼントを買ってほっとしたりする。こういうのって、まったく予測不可能だけど、それが人間らしいんだ。

コンピュータのメモリなんかにたよっていたら、人間の認知能力

は低下し、ぼくたちは大事な思い出や記憶をなくして、ただただ街をさまようゾンビになりはててしまう……というのは、まださきの話だろう。

　イーロン・マスクは、人類の火星移住（少なくともロケットのチケット代を払える人のね）を目標に掲げて、宇宙開発を進めているアメリカの起業家だ。彼はすでに、頭に埋めこんでコンピュータとやりとりできる電極や、脳の一部を強化するためのメモリーカードを製造しているんだ。

　え～っ、そんなのこわい～って？　どうして？

　心臓に埋めこんだペースメーカーや義手のおかげで生活できている人は、世界中にたくさんいるし、お母さんにめちゃくちゃ怒られたイヤな記憶なんかをすべてチップに移して、頭をからっぽにできるなら、ぜったいやりたい！　って人も多いんじゃないかな。英単語のリストをテスト前にあわててインストールする……なんてのは、ちょっとつごうがよすぎるかもしれないけど。

　すべては使い方しだいなのさ。

はじめにプログラムありき

　人工知能＝Artificial Intelligenceは、略して「AI」とよばれる。AI研究は、とても活発で興味深い分野で、多くの優秀な人びとが、この分野に興味をいだいて取り組んでいる。

　AIの専門家たちは、1950年代から、人間の思考のプロセスや問題解決のプロセスを、コンピュータのことばにおきかえて再現するにはどうしたらいいか、議論を重ねている。

　たとえば、床にほこりがあるのを見たら、ほうきを手にとり、床を掃除する。でも、ほうきがなかったら？

　1.床を掃除しない。2.ほうきを注文する。3.ネコを遊ばせる。

　そう、その調子だぞ。

　機械であるAIがそれを思いつくためには、思いつけるようにプログラムしてあげないといけないんだ。

　人間は、よく知られている事実や知識についての記憶（意味記憶）をもとに、なんの関連性もないように思えるアイデアや概念どうしを結びつけ、新しい発想を生みだすことができる。

　たとえば、ある種の恐竜は翼をもっている。そして、鳥は飛ぶことができる。このふたつの知識を結びつけて、「鳥は恐竜から進化したのかもしれない」なんて考える。これを機械が思いつくためには、それを可能にするプログラムが必要になるってわけ。

　AIは、「機械学習」というプロセスを通じて、知識を身につけていく。この学習を管理するのは、そう、きみやぼくたち人間だね。だからある意味、きみはAIの思考能力をコントロールしていると同時に、大きな責任も負っているんだよ。

AIが人間に近づくとき

　機械はけっして疲れない。複雑な計算を正確かつ迅速に実行する。ぼくたち人間にはありえない能力だ。

　一方で、人間がもっている直感や創造力は、AIにはない。そして、数学的に表現されないものは、まったく理解できないんだ。

　最近の人工知能（AI）分野では、人間と機械のこのギャップを埋めようとしている。たとえば「ディープラーニング」（深層学習）は、人がいちいち教えなくても、コンピュータが大量のデータをもとに特徴を発見し、そこにあるルールやパターンを学習していく手法だ（たとえば、大量のネコの画像から「ネコとはこういう特徴をもつ動物だ」と学習するようなことだよ）。

　それが成功するかどうかはわからない。ぼくたちは、それがいいことかどうかさえも、わからないんだ。つまり、ぼくたちに似せて

つくられた機械は、ぼくたち人間の長所をもつ一方で、短所を増幅することも意味するわけだからね。

道のりはまだ長いとはいえ、これまで、機械はずっと人間を助けてきてくれたし、AIが公証人、会計士、弁護士、金融アナリストみたいな複雑な仕事をすぐにこなすようになる、と予想する人だっている。AIがひとりでこの本と同じような本を書くようになったとき、つまり、何が役に立つ情報で、何が違うか、どこにユーモアを入れるか、どこに絵を描くかをひとりで決められるようになったときには、ほんとうに人間の知能に似ているといえるだろうね。

じゃあ、そのときぼくたちは、いったいどうすればいいんだろう？ きみはどうする？

機械に完敗

2015年、科学雑誌『ネイチャー』は驚くべき結果を公表した。多くの異なる状況に対応可能なようにプログラムされたコンピュータに、ポン（卓球ゲーム）、スペースインベーダーなど、57種類の有名なゲームをプレイさせたというもの。

5年のあいだに、そのコンピュータは、すべてのゲームでおそるべきスコアを達成し、どんな熟練したプレイヤーもやっつけた。これは、コンピュータがまちがいから学び、無限のゲームの組み合わせを試し、プログラマーですら予想していなかったテクニックを開発した結果だった。

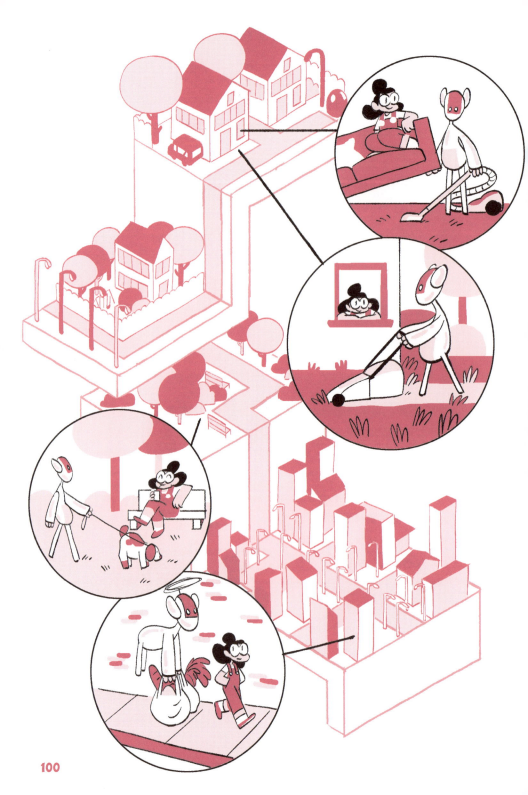

11 AIは、かわりに考えてくれる?

　あ～、きみの顔に書いてあるよ。自分のかわりに考えてくれる機械があれば、いますぐ買うぞってね。さっそく部屋に設置して、宿題をやってもらうんだろ。
　芝生が伸びたら自動で刈ってくれる機械なんか、あれば便利じゃない? 庭もきれいになって気持ちがいいし、芝生刈りの時間を節約できれば、発明に費やす時間をもっと増やすことができる。「オシリニアナアケール」が完成する日は、さらに近づくだろうね。
　あれ、どうしたの? ちょっとこわくなってきたって?
　はは～ん。きみは、機械がもっと賢くなれば、いつか人間に反旗をひるがえして、地球を支配するかも……と、ひそかに思っているんじゃないかな。

11 AIは、かわりに考えてくれる? 101

たくさんの映画や小説でそんな未来が描かれて、世界に不安が広がっている。機械はチェスやゲームで人間に勝利し、株式投資でも、より速く取引をおこなう……。

でも、思い出してごらんよ。機械に何をしてもらうか、決定を下すのはぼくたち人間だ。それがなによりも大切なのさ。ぼくたちはたしかな倫理基準、アシモフの「ロボット工学三原則」（89ページを見て）をもっているんだからね（たしかにそれはSF小説のなかのものだ。でも、彼はただの作家じゃない。生化学者であり、むしろ、趣味で作家活動をしていたくらいなんだ）。

たしかに可能性としては、なくはないよ。ぼくたちが収集した膨大なデータをネットワークにつなぎ、それを使って、機械がもっと賢くなるような仕事をまかせるとする。機械はそれをやってのける。そうすると、かれらはぼくたち人間が地球の大部分を破壊したと考え、人類という種を危険な存在だと判断するかもしれない……。

でも、だいじょうぶ。アシモフの第０原則に従えば、機械はぼくたちを絶滅させることはできないからね。すべてはぼくたち人間しだいってことさ。

AIの知能は、どう測る?

IQ(知能指数)テストというものがある。人におこなわれるこのテストは、いくつもの論理的な質問を、制限時間内に解いていくというもの。論理的に、正確に、速く……なんて、まるで、CPUやコンピュータの性能を測るみたいだよね。

> **IQ**
> IQは、テストに答えることで測定された点数で、人の認知面の発達を数値化したものだ。

一方、AIの知能を測るのは、「チューリングテスト」というもの。ここでは、機械がどれくらい人間に似た考え方ができるかを評価する。

つまり、人間の知能を測るときは、AIの知能とくらべていて、AIの知能を測るときは、人間の知能とくらべるのさ。ヘンなの!

チューリングテストのやり方は、こんな感じだ。

審査員(人間)が、相手の姿が見えない状態で「AI」と「人間」にいくつかの質問を投げかけ、答えさせる。つまり審査員は、相手

11 AIは、かわりに考えてくれる?

が機械か人間かわからない。で、人間と見分けのつかない回答ができたら（つまり、審査員をだますことができたら）、その機械は合格ってわけ。だから、これは「模倣ゲーム」ともよばれるのさ。

このテストからわかるのは、人間の知能は、論理的な知能、直感的な知能、感情的な知能、社会的な知能といった、いくつかの異なるタイプの知能の組み合わせだということ。

弱いAI

あまり賢くない機械は、人間の基本的な認知機能の一部しかマネできない。たとえば、1997年にチェスの世界チャンピオンに勝ったスーパーコンピュータのディープ・ブルーや、2006年に世界チャンピオンに勝ったディープ・フリッツなんかは、チェスで勝つことはできても、それ以上のことはできないんだ。

強いAI

あるていどの経験や、ときには自意識すらもっていて、どんなゲームでもきみに勝てるだけじゃなく、そのときの感情を表現することも、たぶん、きみの気持ちを理解することすらできる。う～ん、けっきょく、AIっていいやつなのかな？ 機嫌のいいときもあれば、そうじゃないときもある。人間と同じさ。

生成AI

生成AIは、新しいコンテンツ（文章・画像・動画・音声など）を生みだすAIのことだ。

最近は、人間のように対話することができるChatGPT（チャットジーピーティー）というチャットボットが話題になっているけど、これは、文章生成をする生成AIだ。ほかにも、

Midjourney（ミッドジャーニー）という、テキストから画像を生成するAIも有名だね。
　これらのAIは、2017年にグーグルとトロント大学の研究者が発表した、Transformer（トランスフォーマー）というディープラーニング・モデルがもとになっている。Transformerの登場によって、AI分野は一気に発展したんだ。このTransformerをもとにしたディープラーニング・モデルのことを「大規模言語モデル（LLM）」ともよぶよ。

　ちなみに、冗談やジョークは、「恐怖」「スリル」「冒険心」なんかよりもプログラムするのが難しいだろうといわれているんだ。なぜなら、笑いには意外性がなくちゃいけないからさ。生成AIは、気のきいたジョークを返してくれるようになるかな。

機械に支配された世界

　映画「マトリックス」は、いまに通じるテーマを扱っている。主人公のネオはハッカーで、存在や現実について疑問をいだいている。彼が現実世界と思っていたのは、人間を支配するためAIがつくった仮想空間で、マトリックスというコンピュータに管理されていた。ネオは機械と戦う決意をし、勝利する。ぼくたちの生きる現実ではどうなるだろう？

AIの専門家になりたいなら

　AIのプロフェッショナルになりたい？　ほ〜。しかも、世界一のプロフェッショナルに？　いいね、野望は大きいほうがいい。

　そうなれば、機械についての山のような疑問にいっぺんに答えることができるぞ。たとえば、「機械は自分で考えるの？」「ぼくたちと同じように論理的に？」「必要なときにかぎって、なぜスマホの電池は切れているの？」……そうだね、最後の疑問は、ぼくもすごく知りたいやつだ！

　やってごらん、きっと道は開けるから。

　AIは、これから大きく成長する重要な分野だ。たくさんの人材とクリエイティブな力が必要だし、きみの力もきっと必要とされるはずだよ。

　AIの分野で最高のプロフェッショナルになるためには、なによりも強い情熱が必要だ。どの分野でもいえることだけど、とくに急速に進化する分野では、つねに最新の情報をつかんで、自分の専門

分野とは直接関係ないことにもくわしくなる必要がある。

あらゆることに興味をもち、いますぐ情報収集をはじめよう。

マーク・ザッカーバーグ、イーロン・マスク、フォスカ・ジャンノッティ。AIの開拓者の多くが、ブログやSNSにインタビューや文章を公開しているから、すぐにでも読んで学ぶことができるぞ。もちろん、英語だけど。きみはすでに英語を学びはじめているだろうけど、AIの世界では、英語が共通言語なんだ。

ネット上にはさまざまな学習プログラム、解説ページ、オンラインスクールがあるし、無料で使えるツールもある（AI機能がついたものなんかもね）。

そこからさらに、テクノロジーへの情熱を深めたいなら、大学で研究することもできる。世界にはすぐれた教育機関がある。むしろ選択肢が多くて、どれを選ぶか迷っちゃうぞ！

ひとつだけ覚えておいてほしい。知能（知性）は数字だけじゃ測れない。大事なのは創造性だ。ぼくたちはいままさに、新しい知性をつくりだしている。この世にまだ存在しないものごと（そして、あとになれば、だれもがあたりまえのように感じるものごと）を考えだすことができるのは、クリエイティブな人だけだ。

一見、無意味な情報やデータの集まりだって、さまざまな視点から理解し、解釈することができる。そのためのいままでにないクリエイティブな方法は、いつだって見つけることができるんだ。

ネット上には情報収集をはじめるためのさまざまなものがある

11 AIは、かわりに考えてくれる？ 107

12
ビッグデータは
どう使われる?

　今日は何時に起きた? 昨日は? 1か月前は? 朝ごはんは何を食べた?

　ネットで何か見た? 何時間? なぜ見るのをやめた? もういちど見はじめたのはいつ?

　階段を駆けおりたときの心拍数は? いつも自転車でどれくらい走る? どの道で? コースを変えたのはいつ? なぜ?

　よ〜し、そろそろやめておこう。そうそう、最後にこの質問だけ。世界中で毎日SNSを使っている人は何人いるか、知ってる?

　35億人だよ。これは世界人口の43%だ。そして、そこからデータが生成されている。この膨大なデータが、その名もズバリ、「ビッグデータ」だ。

12　ビッグデータはどう使われる?　109

データはいつ、ビッグになる？

　きみがネットに接続して何かするたびに、情報は生成されている。気づかないうちにね。「接続する・しない」ということじたいも、データの一部だ。何回接続するか、接続しないのはいつか、何時に接続するか、などなども。

　かっこいい靴の写真に「いいね！」したり、友だちのFacebookにコメントしたり、アプリをダウンロードしたり、グーグルで「ネコ語に変換するアプリはある？」と検索したり、www.oshiri-open.comというドメインを登録したりしながら、ひとりひとりが1日に約12ギガバイトのデータを蓄積している。さらにメールと、それらのデータに関連するコンテンツもふくめると、膨大なデータが蓄積されているんだ。……どこに？

　これらのデータをもっているのは、だれ？

　それは、どのように利用されているんだろう？

　ネットの世界では昔から、「製品がタダの場合、ユーザー自身が製品になる」といわれる。たとえば、無料でメールボックスを使えるのは、きみがそのサービスをどのように使用しているのかを企業が分析できるから。そうすることで、きみ自身が興味の対象になって、商品を販売するためのターゲットになる、ということなんだ。

> **製品がタダの場合、きみ自身が製品になる**

　イタリアではこんな話もある。床の傷つき防止に使う「フェルトパッド」（家具の脚の底に貼るもの）ってのがあるけど、だれがそれ

を買うのか、いくつ買うのか、そんなの知りたい人がいると思う？

　それが、いるのさ。たとえば銀行だ。家具に傷がつかないようにしようとする人は、マジメで責任感があるはずだってことで、フェルトパッドを買う人は、パッドに関心なしの人よりも、ローンの審査が通りやすい（融資を受けやすい）らしい。信じられないよね？

　パソコンでステキな靴に「いいね！」をしたあと、スマホでその靴の広告が表示されることはない？ SNSのタイムラインに流れてくるPR記事にも、同じ靴が出てきたりしない？

　魔法みたいだけど、魔法じゃない。あと、部屋に盗聴器がしかけられていることも、クローゼットにスパイロボットがひそんでいることもない（万が一のことがあるから、いますぐ確認してごらん！）。それはたんに、優秀なデータ分析チームの仕事の成果さ。かれらは、

プライバシーは守られる？

　使う人のプライバシーを保護する手立ても出てきた。たとえば、グーグルマップの「シークレットモード」では、訪れた場所や検索した場所の履歴が残らない。グーグルのストリートビューでは、人の顔とか車のナンバープレートをぼかして表示するようになったし、WhatsAppでは、メッセージの内容が「エンドツーエンド暗号化」で保護されている。ユーザー側にだけメッセージが保存され、運営企業には共有されないようになっているんだ。

12　ビッグデータはどう使われる？　111

ビッグデータのジャングルを探検し、複雑なアルゴリズムを使いこなし、きみのデジタルなサインを分析し、解釈して、かれらに報酬を支払う企業に情報を提供しているんだ。

きみはマンガを読むよね。そして小さな弟がいる。そろそろカーニバルの季節だから……、ポン！　ほら、バットマンの衣装が画面に現れた。サイズもぴったりだろ？　それが、きみにむけて用意された広告さ。

データはだれのもの？

リクツからいえば、きみのデータはきみのもの、それだけだ。

でもじっさいには、データをきみだけのものにしておくことは、そんなにかんたんじゃないんだよ。

何かのサイトでCookieの使用に「同意」するたびに、データを提供してしまっている。Cookieはその名のとおり、ウェブサイトを閲覧したときに残す情報の「かけら」だ。それをたどることで、きみを見つけだすことができるんだ。

覚えておいてほしいのは、インターネット上では、つねにすべてが平等に表示されるわけではない、ってこと。どう考えても偶然に表示されたような商品や情報であってもね。1日前、10日前、100日前に何を見たかによって、インターネットがきみにいちばん合いそうだと判断したコンテンツが表示されるんだ。

もし、きみがサッカークラブのユベントスのファンなら、ユベントスについてのいいニュースが、悪いニュースよりもさきに表示されるだろう。これは1例。すべてにおいて、そうなんだ。

与えたデータをとりもどすことはできる？　それは不可能だ。で

も、だれもきみをコンピュータにしばりつけているわけじゃないんだよ。

詐欺に気をつけろ！

「おめでとう！ あなたが100万人目のお客さまです！ スマホを手に入れるために、www.ahogamirubutanoketsu.jpをクリックしてください」

　もちろん、クリックしちゃダメだよ。きみはいまさらこんな手口にひっかからないと思うけど、家族でネットにくわしくない人がいれば、ちゃんと説明してあげるようにね。

　こうしたネット詐欺（まぎれもない詐欺だ！）は「フィッシング詐欺」とよばれる。ネット詐欺師たちは、きみにリンクをクリックさせ、個人情報を入力させる。名前、住所、携帯電話番号、クレジットカード番号……。そして、それらの情報を売りさばく。

　スマホのショートメッセージ（SMS）に届くフィッシング詐欺は「スミッシング」なんてよばれてる。すぐに削除しよう。

　「キャットフィッシング」（なりすまし）は、もうちょっと複雑なや

り口だ。ウソのSNSプロフィールで変装した悪党が、あたかもきみに興味をもっているかのようにメッセージを送ってくるんだ。実在の人物かもしれないけど、ボット（自動化プログラム。ロボットの略）の可能性もある。うっかりだまされて個人情報を教えちゃったら……、その情報は、売り買いされる「商品」となる。

「ランサムウェア」に感染すると、画面に変なバナーが表示されて、コンピュータやスマホが使用できなくなる。これを解除するために、身代金（ランサム）を支払えとかいわれる。もちろん、支払っちゃダメ！

これらから自分を守るためには、ウイルス対策ソフトが必要だけど、すべてを防げるわけじゃなくて、すりぬけるものもあるんだ。見つけるのが難しい盗聴装置もある。よく使われている500個のアプリの93%には、トラッカー（追跡プログラム）が組みこまれている（明記されてはいないけど）。閲覧したウェブサイトはもちろん、きみ自身の位置情報まで、行動が監視されているんだ。

それは、きみの快適なネット環境を実現するためにおこなっているのかもしれないけど、その快適さは何を意味するだろう？

数字の話

イタリアの14歳以下の子どもの80%が、なにかしらのSNSのアカウントをもっていて、そのうち10人中6人が、「ボット」からのメッセージに遭遇したことがある。そして、6人のうち4人が女の子だ。これは、ボットが女の子を多く選ぶのか、男の子たちが何も気づかないか、どっちなんだろう？

13

未来の生活はどうなる？

未来の生活は、いまとは違うものになるだろうね。それはまちがいない。

1970年代の生活では、リモコンも携帯電話もなく、ほとんどの家にはエアコンもなかった。それにくらべると、いまの生活はけっこう違う。それと同じような感じさ。

コンピュータやスマホがない時代に生まれた人たちは、ソファから立ちあがることなくいろんなことができるのが信じられないんだ。逆に、きみにとってはきっと、そうできないことのほうが驚きなんじゃないかな。

でもさ、ソファに座ったまま、しぼりたての牛乳でつくったソフ

13 未来の生活はどうなる？　117

トクリームを牧場から運んでもらうことは、いまだって難しいよね。そんなドローンサービスがあればいいのにな〜。

　SF小説や近未来の物語は、あとになって実現した（または幸運にも実現しなかった）発明であふれている。

　AED（自動体外式除細動器）はメアリー・シェリーの小説に影響を受けてつくられたと言う人もいるけど、それはちょっと大げさかな。でも、作家のエドワード・ベラミーは19世紀末の小説『顧みれば』のなかで、すでにクレジットカードを登場させているし、NASAの研究者で、テーザー銃を開発したジャック・カヴァーは、子どものころ、冒険小説『トム・スウィフトの電磁ライフル』を読んで「電気ピストル」の着想を得たそうだ。

　同じように、イーゴリ・シコールスキイは、小さいころ夢中になったジュール・ヴェルヌの小説『征服者ロビュール』がきっかけで、のちに史上初のヘリコプターを設計した。

　そして、ロバート・ゴダードは、H・G・ウェルズの小説を読んでロケットを開発した。ちなみに、ウェルズはほかにも有名な小説を書いていて……、そう、『タイム・マシン』だ！

　タイムマシンで30年後の世界をのぞいてみたら、いったい何が見えるだろう？　きっと、きみの「オシリニアナアケール」と「ネコ語に変換機」はあるよね。ほかには？

SFはたくさんの発明を生みだした

未来の食べもの予想

牛乳不使用のヨーグルト
2020年というはるか過去には、地球に有害な二酸化炭素排出量の18％が、家畜を密集・大量飼育する「集約畜産」によるものだった。動物がかわいそうだ。

代替肉・植物肉・合成肉
シリコンバレーで開発された合成肉バーガーは、動物を1匹も傷つけていない。ほんものの肉を使っていたかつてのハンバーガーと、変わらない味わいだ。

3Dフードプリンター
シェフ直伝のメニューを、3Dオーブンを使って、家でつくることができる。3Dオーブンは、ペースト状の食材をモデリング（造形）して、ほんものそっくりに仕上げる。好きな料理のデータをダウンロードして、「出力」して食べられるんだ。

巨大な果物と野菜
すごい大きさ。じつは昔、ニンジンは白かった。モモは小さくてしょっぱかったし、プラムは卵みたいな形だった。なら、さらなる変化が起こってもおかしくないよね？

13 未来の生活はどうなる？　119

服の未来はどうなる？

　服がひとりでにクリーニングされるとしたら、すごくない？ オーストラリアでは、熱を使って自動的にきれいになる布を開発中だ。
　未来の服は、特別な顔料を織りこむことで、アプリに接続するだけで、色を変えることができたりするかもしれない。
　ほかにもたとえば、綿やポリエステルじゃなく、カーボンファイバー（炭素繊維）の服が、未来にはできているかも。寒いときは熱をキープし、暑いときは熱を逃がす。つまり、オールシーズン対応のセーターだ。そうなると、もう服を着がえる必要なんてなくなっちゃうよね。色や暖かさなんかで服を選ぶことはなくなるかもしれない。
　未来のスニーカーは、ことばを話して、足にやさしいはき方を教えてくれるかも。スポーツウェアは、きみの体の状態を、きみのAIコーチに伝えてくれるだろう。ジッパーを閉めるだけでスマホを起動できるジャケットや、体を動かすことで発電し（運動は、す

なわちエネルギーだ！）、デバイスを充電できる服なんかもできるかもしれない。つまり、スマート・ファブリック（賢い布地）さ。

クモの糸やパイナップルを収穫したあとの葉や茎など、バイオ素材でつくられた布は、2021年からすでに実用化されている。未来の服は、とってもエコでもあるんだ。

着ている人の心を読む服

オランダのファッションテック・デザイナー、アヌーク・ヴィプレヒト（Anouk Wipprecht）がつくった「パンゴリン（Pangolin）」は、着ている人の心を読みとって変化する服だ。体がウロコでおおわれた小型のアリクイ、パンゴリン（日本ではセンザンコウ）から名づけられた。

着る人はまず、服につながった1024個のマイクロセンサーを体に装着する。このセンサーが、体が発する信号を受けとり、服に伝えるのさ。おだやかな気分なら、服は紫色に。ストレスを感じたら振動する。機嫌の悪いときは？……真っ黒になるんだ。

健康とテクノロジー

　ぼくは、きみが健康で長生きすることを願っているよ。

　ぼくたち人間は昔よりも、よりよい食事をとり、よりよいケアをしている。全体の傾向(けいこう)として、平均寿命(へいきんじゅみょう)はどんどん長くなっている。

　将来的(しょうらいてき)には、自分の体に関するデータを集めて医者や病院に送ることが習慣(しゅうかん)になるだろう。かんたんなことなら、医師(いし)のかわりにロボットが診断(しんだん)できるかもしれない。

　それって、ちょっと不安かな？

　でも、自動化のおかげで、診療(ちりょう)や治療が難(むずか)しい患者(かんじゃ)さんにさく時間を増(ふ)やすことができる。こんにち、たくさんの医師がオンライン診察(しんさつ)をし、遠隔手術(えんかくしゅじゅつ)もおこなわれている。ゆくゆくは、このような遠隔治療がますます可能(かのう)になるはずだよ。

人とのつながりとテクノロジー

　さて、未来の生活は、より快適になるだろうか？

　スマートホーム技術、食べもののこと、服のこと、医療のこと、いろいろ見てきたけど、ほかにもいろんなことが考えられる。

　未来の学校、未来のスポーツ、未来のデート（！）……。いったい、どうなっていくだろうね。

　テクノロジーは、人間関係や友情を育むうえでも役に立つ。テクノロジーなしでは出会わなかっただろう人と、知り合う手助けをしてくれる。

　あるアプリには、友だちを見つけたり、写真を投稿したりするだけじゃなく、こんな機能もある。ほかのアプリを一時的にオフにして、会話のじゃまをしないようにするんだ。

　だれかとじっくり話をするのは、人間にとって大事なことだし、なにより楽しいものだからね。さあ、何について話す？

　宇宙旅行について？　ほう〜、目のつけどころがいいね。

　これは奥が深い話なのさ。よし、つぎの章でじっくり話そう。

14 ロボットが地球を支配するって?

　人間はますます増えつづけている。世界の人口が100億人になったら、宇宙やほかの星への移住について、本気で考えるようになるかな?

　火星で生活したいなら、まずは火星を「地球化」（テラフォーミング）しないといけない。つまり、火星を地球に似た環境につくりかえるんだ。それにはまず、ロボットを送りこまないといけない。しかも、高度な知能をもったロボットをね。

　でも、もしロボットたちの知能が高すぎると、逆にぼくたち人間を宇宙に送りだして、自分たちが地球を支配しようとするかもしれない。

　問題はそこだ。

ぼくたちがロボットのペットになるの？ ぼくたちがロボットのために働くの？

または、大量のデータや、修理・交換が可能な体を手に入れることで、ぼくたち人間がどんどんロボットに似ていくの？

……まるでサイバーパンク小説の世界だ。

シンギュラリティ（技術的特異点）

いまは、ぼくたちがロボットをつくっている。でも、もし明日、ロボットがみずからロボットをつくることができるようになったら、どうなる？

「シンギュラリティ」（技術的特異点）ということばがある。これは、人工知能（AI）が人類の知能をしのぐ転換点のこと。人間の予測を超えて、未知の速度で技術が進化するかもしれないってことだ。

ある段階まで進化した機械は、膨大な情報をもっていて、それを自分のためだけに利用する可能性がある。たとえば、株で億万長者になったり、選挙に勝ったり、世界中のすべての国の法律を暗記して使いこなしたりね。

スティーブン・ホーキングをはじめとする、科学やITの第一人者たちは、科学の乱用やAIの無制限な使用に対して、何度も警鐘を鳴らしてきたんd。

ロボットたちが世界を支配するのを見たことは、これまでに何度もあるけど、それはあくまで、映画館でゆったり座ってポップコーンを食べながらだった。いままでは、ね。

AIがつくる音楽シーン

　未来では、どんな音楽がはやっているだろう。新しい音楽は若者たちがつくる。だから、いま若い世代に人気の電子音楽が、ますます主流になるだろうね。iPodやCDは完全に姿を消すかもしれないけど、レコードは、熱心なマニアがいるかぎり残るだろう。ライブやコンサートもさかんにおこなわれる。
　バーチャルバンドも増えるんじゃないかな。たとえば「Auxuman」は、3Dキャラクターのバンド。AIによるバーチャル・アーティスト集団だ。そんなふうにAIは人間をサポートし、協力して活動するけど、完全に人間と置きかわってしまうことはない。さあ、未来でどんな音楽がはやってもだいじょうぶなように、ダンスの練習をしておこう！

人間はサイボーグ化する？

　ここまできたら、もうわかったよね。人間とテクノロジーの関係は、たしかにリスクはあるけど必要なんだ。つまり、技術の進歩は、ヒトという種全体にとって必要不可欠で、そのためには、ときにリスクを冒すのはやむをえない。
　たとえば、事故で失うことになった腕を、生体工学（バイオニクス）でつくった人工器官と交換することは、いまではかなり一般的だ。このような技術の進化が、腕を失った人びとの生活をどれだけ改善できるだろう。

14　ロボットが地球を支配するって？　　127

ぼくたち人間はもう、それを知ってしまった。だから、ぜったいに立ちどまることはないだろう。いままで立ちどまったことは、いちどもないんだからね。

　遺伝子工学は、遺伝子を分離・複製・修復することができるバイオテクノロジー（生物工学）の一分野で、医学に驚くべき進歩をもたらしている。これによって人間の寿命は延びるだろう。

　分子工学（分子ナノテクノロジー）と医療用ナノロボット（ナノマシン）の研究開発は、多くの病気に劇的かつ効果的に対処できるようになるだろう。

　それに加えて、抗加齢医療（アンチエイジング）、ウェアラブル・コンピュータ（体に装着するコンピュータ）、気分をモニタリングする薬などの開発も考えられる。

　いちばんのリスクはここさ。テクノロジーの進化が、道徳的な道をはずれたり、行きすぎたりしてしまう可能性が、すぐそばにあるってこと。不老不死さえ、もはやタブーじゃないのさ。トランスヒューマニズム（超人間主義）という運動は、肉体がなくても生きていけるテクノロジーの研究に数億円を投じている。

不老不死の野望

　2011年、ロシアの富豪、ドミートリー・イツコフは、「プロジェクト2045」という野心的な目標をもつ非営利団体を設立した。その目標とは、人間を不老不死にすること。イツコフは人間の脳を、完璧で壊れない機械の体に移植しようとしたのさ。つまり、記憶や経験、意識をもったロボットをつくるというわけ。変人？　夢想家？　その答えは、彼が700歳の誕生日を迎えたとき、明らかになるだろうね。

これによって、ぼくたち人間は不死になることができるんだろうか。アニメ「フューチュラマ」に出てくるガラス容器のなかの脳のように？　それとも、完全な機械の体として？
　もし、だれかが電源を切ったら？　五感や感情は、いったいどうなる……？

テクノロジーとともに

　でも、おびえなくていい。さっき見た「シンギュラリティ」（技術的特異点）についてだって、専門家のあいだでも、さまざまな見解があるんだ。いつかかならずAIは人間の制御を超えるという人もいるし、そんなことは起こらないという人もいる（著名なAI専門家であるジェリー・カプランは、「起こらない派」だ）。
　人間とコンピュータは信頼関係を築ける？　もちろんさ！
　ぼくたちには、宇宙を探検するという最高に魅力的な挑戦が待っている。だから、技術を最大限に駆使する必要がある。人間とコンピュータは手をとりあわなくちゃいけない。
　コンピュータたちは、計算能力も体力もバッチリで、疲れず、永遠の若さをもっている。一方、きみには、アイデアやビジョン、そしてそれを実現する創造力がある。

日本の宇宙開発のミッションは、JAXA（宇宙航空研究開発機構）が担っている（2024年現在）。だから、きみが宇宙飛行士になりたいなら、まずはその選抜試験を受けることだ。みごと突破できたら、約20か月の基礎訓練。宇宙飛行士としての心がまえや、科学・工学の知識を学ぶのはもちろん、体力トレーニング、英語とロシア語の習得、小型航空機の操縦、サバイバル技術の習得などをへて、はじめて宇宙飛行士になれるんだ。

　月面歩行の無重力シミュレーション用につくられた、巨大なプールにもぐってみたら、どんな感じかな？

　宇宙では、地球の大気のように太陽放射線をさえぎるものがないから、研究者たちは、放射線を防ぐ最善の方法を模索している。それに、宇宙に漂っている古い人工衛星や部品などの「宇宙ゴミ」も問題だ。宇宙飛行士に向けた宇宙ゴミ対策の訓練や、宇宙ゴミが増えすぎて混乱を引きおこすまえに回収する方法なんかも研究している。

ほかの惑星に住むためには、どんな材料で、どうやって家を建てるかも考えなきゃいけない。地球で家を建てて完成品を持っていく？　地面に穴を掘って住む？

　あっ、こんなアイデアはどう？　その星に存在する物質を材料にして建設するんだ。そんなの、どうやるんだよって？

　月の表面の砂礫（レゴリス）を建設資材の主原料として、宇宙基地をつくる３Ｄプリンターが開発中なんだぜ。あと、「L-DEPP」というプロジェクトでは、宇宙ゴミや放射線、電場や磁場などについてのデータを収集し、それにもとづいて最適な進め方を分析しているんだ。

　宇宙飛行士は訓練を受けた優秀な人間だけど、そこに最高のロボットのサポートがあれば、こわいものなしになる。手を動かすのも、めちゃくちゃラクになるからね。おっと、バカにするなよ。言っとくけど、宇宙服の手袋を着けて細かい作業をするのって、めちゃくちゃたいへんなんだぜ。サッカーのキーパーグローブを着けて、卵をこぼさずにかきまぜることより、よっぽどね！

　ほかにも、高度なロボットやローバー（探査車）がいれば、無人でも惑星の表面探査ができる。宇宙飛行士はそのあいだにデータを解析したり、「青い惑星」っていう最高の芸術作品を鑑賞できたりするってわけさ。

　でも、その芸術作品を守っていくためには、もっともっと環境に配慮したクリーン・テクノロジーが必要なんだ。

15
テクノロジーは地球を救える?

 もちろん、テクノロジーは地球を救うことができる。そうしなきゃ、いけないんだ。
 石でヤリの穂先をつくるところからはじまった人間のテクノロジーは、宇宙探査を可能にするまでに進化した（もちろん、さらに明るい未来の話をすれば、「オシリニアナアケール」も実現する！）。
 壮大な時間をかけたこのロマンチックな冒険が、すべてこの、青くて美しい地球上でおこなわれてきた、そのことじたいもとてもロマンチックだよね（素朴な疑問だけど、なぜこんなに美しい青い星が「水」球じゃなくて「地」球なんだろうね？）。
 「家は大切に扱わなくちゃいけない」、これはいつもきみが、飼いネコに言い聞かせていることだ。でもさ、地球がぼくたちの家であることを考えると、どうしてネコにできることを、いままでぼくたちは地球に対してできなかったんだろう？

15 テクノロジーは地球を救える? 133

だから、地球を保護していくためには、まずは地球を修復するところからしなくちゃいけないんだ。これを実現するためには、アイデアはもちろんだけど、辛抱強さと思いやりが必要になってくる。

わざと壊れる機械がある

　短期間で壊れたり調子が悪くなったりするように、わざと設計されていて、新しいものを買わざるをえなくなる商品が、たくさんある。そんなふうにすることを「計画的陳腐化」とよぶんだ。
　たとえば、スマホのバッテリーが１年半ほどでいきなり不具合を起こしたり（ほんとうだよ。アップル社はこのことで巨額の訴訟に敗訴した）、ほとんど使っていないのにプリンターがインク切れを起こしたりする（HP社も賠償金を支払うことになった）。
　計画的陳腐化の目的は、必要のない商品を強制的に買わせること

増える３Ｄプリンター

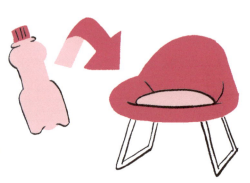

きみの家の近所にも、デジタル工場があるかもしれない。つまり、プラスチックをリサイクルして、３Ｄプリンターで製品をつくる会社だ。３Ｄプリント市場は着実に成長している。予測では、2025年の市場規模は240億ドル（およそ３兆7000億円）、2027年には400億ドル（６兆円以上！）を超えるといわれている。こりゃすごいぞ！

だ。1924年にはすでに、電球の生産と販売のために結ばれたポイボス・カルテル（欧米の多国籍企業協約）では、製造する電球の寿命が1000時間を超えないように取り決められた。こういうことは、昔からおこなわれてきた。

　だけど、昔といまとで違うことがある。それは、いまではこの悪だくみは、完全にネタバレしちゃってるってことだ。そして、きみと同じように、そういったことを好まない人たちがたくさんいる。かれらはそういう情報を発信していて、アドバイスをくれたりする。

　だから、電子機器を買うまえには、インターネットでそのレビューを読んで、見た目だけで選ばず、寿命の長そうなものを選ぶようにしよう。

　そうすることで、きみはテクノロジーに振りまわされず、ぼくたちみんなの家、つまりは地球を美しく保つために、テクノロジーを活用することができるのさ。

循環がつくる未来

　テクノロジーの進歩は世界を変えつつあるけど、地球の健康にもっと注意をはらわなければ、実現できない。

　地球を尊重しながら進歩するということは、なによりもまず、何もムダにしないということだ。毎年、世界中で捨てられる電子機器のゴミをすべて積みこむには、11万5000台のトラックが必要になる。そのトラックを縦に並べると、地球を半周するほどの長さになるんだ。きみやぼくをふくむたくさんの人たちが、まだ使えたイヤホンを捨てたりしたことでね。

　未来の世界では、「循環経済」について語られることが、もっと

多くなるだろう。循環経済っていうのは、「ゴミなんて存在しない」という革新的なアイデアにもとづく経済社会システムさ。

いつも捨てているものは、きっとリサイクルできるし、寿命がつきたように見えるものは、何か別のモノのはじまりかもしれないんだよ。たとえば、古いタイヤからつくった靴底、売れのこりの野菜からつくった布の染料、二酸化炭素から生まれたプラスチックとかね。これらは、いくつものアイデアのほんの一部にすぎない。参考

にして、きみオリジナルの抜群のアイデアを考えてみて！

　持続可能性を保つためには、リサイクルされた資源や、環境にやさしい原材料を使うことと同じくらい、エネルギーも考えるべき重要なテーマだ。エネルギー資源を保護し、クリーンな方法で生産する新しい方法を見つけることは、未来のテクノロジー社会における大きな課題なんだ。

　環境に配慮するというのは、太陽光パネルみたいな大規模な技術だけじゃなく、毎日の小さなことでも実行できる。たとえば、歯をみがくときに蛇口を閉めておくことなんかがそうさ。

リサイクルはかっこいい

　さまざまなゴミをリサイクルして、おしゃれなアイテムをつくる企業が世界中で増えている。たとえば、トラックの古い幌シートからつくったハンドバッグや、食品廃棄物にふくまれる食物繊維からつくったランチボックスなどなど。

　ショッピングサイトでも、ゼロエミッション（廃棄物を再利用することで廃棄物を出さない取り組み）の素材や、環境にやさしくて耐久性のある原材料でつくられた製品が、たくさん売られているね。

15　テクノロジーは地球を救える？

じゃあ、またね

　現代の発明家やアイデア・パーソンのなかから、ふたりを紹介しよう。

　ひとりめは、ちょっとこわいけど興味深い話をする、ジャロン・ラニアーだ。

　動画サイトで「ジャロン・ラニアー／Jaron Lanier」って検索して、SNSの問題点や、彼自身がシリコンバレーで働くのをやめた理由について話しているのを聞いてごらん。

　彼は、ロボットみたいになりたくなかったんだ。ロボットといっても、グレンダイザーみたいな、宇宙の脅威と戦うヒーローのことじゃないよ。人間性をもたないロボット、つまり、他人の生活や夢をあやつることに夢中になってしまう存在のことさ。

　大切なことだから、よく覚えておいて。パソコンやスマホはたしかにすばらしい道具だけど、つねに必要ってわけじゃない。そんなものがなくても、ぼくたちは何千年もすばらしい生活を送ってきたんだからね。どんなふうに？　考えてみよう。

　もうひとりの発明家は、夢をもっている。彼女の名前はネリ・オックスマン（Neri Oxman）。

　小さいころから自然を観察するようにおばあちゃんに育てられ、いまは、科学・工学分野の世界最高峰の研究機関であるマサチューセッツ工科大学（MIT）の教授。テクノロジーと自然科学、アート、そして子どものころから見聞きしたいろいろなことを結びつけて、世界一の「びっくりハウス」をつくっている。

その家には暖房や冷房の必要がなく、自己修復能力がある。ロボットの骨組みに、数百万匹の蚕が毎日生みだす絹が巻きつけられて形成されたドームなんだ。それをおおう波状の表面は、エビの殻からできているから、完全に生分解性（微生物などの働きによって分解する性質）で、大気中の二酸化炭素をとりこむことができる。そう、その家はまさに生きているんだ。
　「ネコ語に変換機」が完成したら、ネコといっしょに遊びに行ってみよう。その家について、ネコになんて言おうか？　エビだから、「おいしそうだニャ〜」って話しかけてみる？　う〜ん、めちゃくちゃおもしろそうだ。
　そしていつか、「オシリニアナアケール」が完成したあかつきには……、乾杯！
　そのときはかならず、きみの世紀の発明を祝福するために、だれよりも早く駆けつけるって約束するよ。

日本版監修者あとがき

『AIは人を好きになる？』ということについて、あなたはどう思いますか？

ここまで読んだ人は、この本は、この疑問の答えをはっきり書いているわけではないということに気づいたんじゃないかなと思います。コンピュータは、人のような感情をもつことはできないと言う人もいます。

でも、私はそう思わない。コンピュータだって感情をもつ日が来る、もたせたいと思って研究しています。これこそが、この本でも言っている「創造力」ですね。

なので、この本のタイトル『AIは人を好きになる？』ということを、本を読むまえにどう思っていたか、本を読んだあとにはどう思ったか、ぜひ考えてみて、自分なりの答えを見つけだしてほしいなと思います。それがきっと、発明家や科学者への第一歩！です。

また、この本では、ChatGPTなどの「生成AI」の話は少ししか出てきませんが、今後も新しい発明がどんどん加わっていくことでしょう。ほんとうにAI分野って、スピードが速い！（まさにレッドオーシャン！）

生成AIは「創造力」にアプローチしています。サイボーグではないけれど、人とロボットやAIがどんどん近づいていって、まるでSFのように区別できなくなる日が来てもおかしくない……。こういう話をすると怖いと思う人もいますが、大丈夫です。そのときにはきっと、人はまた新たな価値を見つけだしているはずだから。もしかしたら、新たな価値を見つけだすのは、いまこの本を読んでいるあなたかもしれませんね。

ところで、あなたはこの本のどんな内容が印象に残っていますか？　私がいちばんグッときたのは、「人工じゃない知能なんてあるのかな」という話（93ページ）。これはとても重要な視点です。

　私たちは「経験」によってあらゆることを学習しているわけだけれど、当たりまえすぎて忘れがち。たとえば、目の前の人に対して、「なんでこんなこともわからないんだ！」なんて思うことがありませんか？　でも、経験しなければ、その物事を理解することは難しいことです。だから自分にとっての当たりまえが、相手にとっても当たりまえだと思ってはいけない。私たちが空飛ぶ鳥の気持ちを理解できないようにね。

　ロボットやAIもいっしょ。経験しなければ、人間のことを理解できないはずです。だからこそ、子どもを育てるようにロボットやAIを育てていくことが必要だと、私は思っています。「認知発達ロボティクス」や「記号創発ロボティクス」という分野では、私と同じような考えの人がユニークな研究をしているので、興味があれば調べてみてください。

　さて、最後になりますが、私は本を読むのが好きで、新しい発見がたくさんあると、とてもうれしい気持ちになります。本を読む時間って、とてもぜいたく。日々に追われて、なかなか本を読めないこともあります。そんな貴重な時間を使って、この本をこの「あとがき」までていねいに読んでくださって、ありがとうございます。あなたにとって、この本が少しでもよい出会いであったことを願うとともに、今後あなたがよい本とめぐりあえることを祈っています。

ロボット・AI研究者　日永田智絵

著

ピエルドメニコ・バッカラリオ

児童文学作家。1974年、イタリア、ピエモンテ州生まれ。著書は20か国以上の言語に翻訳され、全世界で200万部以上出版されている。小説のほか、ゲームブックから教育・道徳分野まで、手がけるジャンルは多岐にわたる。邦訳作品に、『ユリシーズ・ムーア』シリーズ（学研プラス）、『世界 魔法道具の大図鑑』（西村書店）、『13歳までにやっておくべき50の冒険』（太郎次郎社エディタス）など。

フェデリーコ・タッディア

ジャーナリスト、放送作家、作家。1972年、ボローニャ生まれ。あらゆるテーマについて、子どもたちに伝わることばで物語ることを得意とする、教育の伝道者でもある。子ども向けテレビチャンネルの「放課後科学団」をはじめ、多彩なテレビ・ラジオ番組の構成・出演をこなす。P・バッカラリオとの共著に『世界を変えるための50の小さな革命』（太郎次郎社エディタス）などがある。

監修　マッシモ・テンポレッリ

物理学者。ミラノ国立科学技術博物館・学芸員の仕事を皮切りに、25年にわたり、科学技術文化やイノベーションの普及にたずさわる。おもに人間とテクノロジーの関係、その関係がもたらす社会的・人類学的な影響についての研究活動をおこなっている。『Noi siamo tecnologia』（ぼくらはテクノロジー）など、著書多数。

絵　クラウディア・"ヌーク"・ラッツォーリ

イラストレーター。1983年生まれ。フィレンツェの国際コミックスクールで学ぶ。2012年より、マンマユート文化協会のサイトで「I Diari della Nuke」（ヌークの日記）を連載。その後も出版物やネットで、水彩画やイラストなど多彩な作品を発表している。

日本版監修　日永田智絵（ひえいだ・ちえ）

ロボット・AI研究者。奈良先端科学技術大学院大学先端科学技術研究科情報科学領域助教、博士（工学）。1991年生まれ。研究分野は感情発達ロボティクス。感情をもつパートナーのようなロボットの開発をめざすとともに、感情のメカニズムを明らかにしたいと考えている。分担著書に『人工知能を用いた五感・認知機能の可視化とメカニズム解明』（技術情報協会）。メディア出演として、NHK Eテレ『思考ガチャ』など。

訳　有北雅彦（ありきた・まさひこ）

作家、演出家、翻訳家、俳優、進路指導講師。1978年生まれ。映画や文学などのイタリア文化を紹介する会社「京都ドーナッツクラブ」所属。著書に『あなたは何で食べてますか？』、訳書に、P・バッカラリオほか著『13歳までにやっておくべき50の冒険』シリーズ全4巻、『頭のなかには何がある？』（ともに太郎次郎社エディタス）などがある。

いざ！探Q ⑥

AIは人を好きになる？
科学技術をめぐる15の疑問

2024年6月30日 初版印刷
2024年7月30日 初版発行

著者	ピエルドメニコ・バッカラリオ
	フェデリーコ・タッディア
監修者	マッシモ・テンポレッリ
イラスト	クラウディア・"ヌーク"・ラッツォーリ
日本版監修者	日永田智絵
訳者	有北雅彦
デザイン	新藤岳史
発行所	株式会社太郎次郎社エディタス
	東京都文京区本郷3-4-3-8F 〒113-0033
	電話 03-3815-0605　FAX 03-3815-0698
	http://www.tarojiro.co.jp
編集担当	漆谷伸人＋北山理子
印刷・製本	シナノ書籍印刷

定価はカバーに表示してあります
ISBN978-4-8118-0676-1 C8004

Original title: *Saremo tutti robot?*
By Pierdomenico Baccalario・Federico Taddia with Massimo Temporelli
Illustrations by Claudia Razzoli
© 2022 Editrice Il Castoro Srl
viale Andrea Doria 7, 20124 Milano
www.editriceilcastoro.it　info@editriceilcastoro.it
Collaboration on the text writing: Elena Peduzzi
From an idea by Book on a Tree Ltd.　www.bookonatree.com
Project management:
Manlio Castagna (Book on a Tree), Andreina Speciale (Editrice Il Castoro)
Editor: Maria Chiara Bettazzi
Editorial management: Alessandro Zontini
Graphic design and layout by ChiaLab

Questo libro è stato tradotto grazie a un contributo per la traduzione assegnato
dal Ministero degli Affari Esteri e della Cooperazione Internazionale Italiano.
この本はイタリア外務・国際協力省の翻訳助成金を受けて翻訳されたものです。